짝퉁 그리스도인 Ⓥⓢ 진품 그리스도인

짝퉁 그리스도인 VS 진품 그리스도인

존 웨슬리의 위대한 유산

kmc

감리교의 창시자, 존 웨슬리 John Wesley

감리교인을 영어로 'Methodist'라고 합니다. Methodist는 감리교의 창시자인 존 웨슬리를 비롯한 그의 친구들에게 붙여진 별명이었습니다. 'Methodist'의 의미는 여러 가지로 해석될 수 있습니다. '규칙주의자' 또는 '규칙쟁이'를 말하기도 하고 '방법주의자'라는 의미를 갖기도 합니다. 물론 부정적인 의미로 '형식주의자'라는 뜻도 있습니다. 웨슬리 목사님과 친구들은 고지식하게 여겨질 정도로 '말씀을 있는 그대로', 즉 규칙적이고 방법적으로 실천했기 때문에 그렇게 불렸습니다.

존 웨슬리

존 웨슬리는 1703년 6월 17일 영국의 시골 마을인 엡워드(Epworth)에서 열아홉 남매 중 열다섯 번째로 태어났습니다. 그의 아버지 사무엘 웨슬리는 영국 국교회 목사였으며 어머니 수잔나 웨슬리는 당대 여성으로서 최고의 교육을 받았던 인물이었습니다. 존 웨슬리가 여섯 살이던 해, 집에 불이 나는 사고가 있었습니다. 화재에서 기적적으로 구출된 존 웨슬리는 후에 당시 사고를 기억하며 이렇게 고백했습니다.

"저의 생명은 불 속에서 꺼낸, 타다 남은 막대기일 뿐입니다. 그 때 제가 살 수 있었던 것은 저를 향한 하나님의 특별한 소명이 있기 때문이었습니다."

차터하우스(Charterhouse) 학교에서 중고등학교 교육을 마치고, 1720년 옥스퍼드(Oxford) 대학에 입학한 존 웨슬리는 졸업 후 옥스퍼드에서 교수와 목사로 임명받게 되었습니다. 그사이 존 웨슬리의 동생인 찰스 웨슬리 또한 옥스퍼드에서 공부하면서 몇몇 친구들과 규칙적으로 모여 기도하고, 성경과 경건 서적을 읽는 모임을 시작했습니다. 후에 존 웨슬리도 이들의 영적 생활을 지도하는 조력자로서 참여하게 되었는데, 이것이 곧 Holy Club, '신성회'의 시작입니다. 사람들은 정해진 규칙을 철저히 지키는 신성회 모임을 가리켜 메도디스트(Methodist), 즉 감리교도라 불렀습니다.

서른두 살이 되자, 존 웨슬리는 동생 찰스와 함께 선교사의 비전을 품고 미국 조지아로 떠났습니다. 그러나 선교의 큰 열매를 맺지 못한 채 3년 만에 영국으로 귀국한 존 웨슬리는 1738년 5월 24일, 런던 북부 올더스게이트 거리에서 열린 한 기도회에 참석했다가 성령의 감동으로 가슴이 뜨거워지고 거듭남의 은혜를 체험하게 되었습니다.

"나는 내 마음이 이상하게 뜨거워지는 것을 느꼈다. 나는 이제 나 자신이 오직 그리스도만을 믿음으로 구원받았다는 것을 느꼈다. 그리고 주께서 내 모든 죄를 사하셨고 나를 죄와 사망의 법에서 구원하셨다는 확신을 느꼈다."

올더스게이트 회심 이후 존 웨슬리는 하나님의 종으로서 분주히 활동했습니다. 브리스톨에 감리교 최초의 예배당인 '뉴 룸'을 봉헌했고 역시 브리스톨에서 최초의 속회 모임을 시작했습니다. 그는 스코틀랜드, 아일랜드, 미국 등을 직접 방문해 설교했고 선교사를 파송하기도 했습니다. 평생 40만 킬로미터가 넘는 전도 여행을 하고 4만 2천여 회의 설교를 했던 존 웨슬리는 1791년, 88세의 나이로 세상을 떠나며 사랑하는 사람들에게 이렇게 말했습니다.

감리교의 창시자, 존 웨슬리 John Wesley

"세상에서 가장 좋은 것은 하나님이 우리와 함께 계시는 것입니다."

웨슬리 목사님은 일평생 하나님 말씀을 전하는 데 사력을 다했음을 알 수 있습니다. 그의 설교는 당시 영국 교회와 사회에 놀라운 반향을 불러 일으켰습니다. 수많은 사람들이 악습과 부도덕한 생활을 청산했고, 당시 부패와 타락으로 멸망의 길을 가던 영국을 구원하는 동기가 되었습니다. 웨슬리가 전한 수많은 설교 중에서 대표적인 44편을 모은 〈표준설교집〉이 있는데 그 설교집 안에는 우리가 알고 있어야 할 기본적인 신앙의 도리가 모두 들어있습니다.

웨슬리 목사님은 1700년대(1703~1791) 사람인데, 그분의 설교는 지금 읽어봐도 어렵습니다. 또한 이해하기가 쉽지 않습니다. 사실 저는 '그 당시 사람들이 웨슬리 목사님의 설교를 듣고 얼마나 이해했을까?' 하는 생각이 들 정도입니다. 그런데 하나님은 그의 설교에 성령의 기름을 부으셨고, 그로 인해 많은 역사가 일어났습니다.

웨슬리 목사님의 설교는 모든 감리교인들에게 주어진 위대한 유산이자 선물입니다. 저는 그의 설교가 한낱 책장의 책으로만 꽂혀 있는 것이 늘 안타까웠습니다. 웨슬리 목사님의 목소리가

존 웨슬리의 위대한 유산

오늘을 살아가는 그리스도인들에게 전해지는 방법은 없을까 고민하게 되었습니다. 그러던 중 웨슬리 목사님의 표준설교 중에서 몇 편을 골라 현대인들의 언어에 맞게 재구성하여 설교하게 되었습니다.

이 책을 쓰면서 갖게 된 단 한 가지 소망은, 웨슬리 당시 영국에서 일어났던 부흥의 역사가 현재의 우리에게도 동일하게 일어나는 것입니다. 하나님과 함께 하는 기쁨을 알고 행복한 동행의 삶을 살았던 존 웨슬리. 250년 전 많은 그리스도인들의 가슴을 뜨겁게 했던 그의 설교에 다시 한 번 귀 기울여 봅니다.

이 책이 나오기까지 언제나 든든하게 지원해준 아내 오현옥, 원고를 정리하고 다듬어준 비서 이소진, 출판을 위해 여러 가지 일로 수고한 김희중·안원섭 전도사, 세심하게 오탈자를 봐준 조혜란 권사 그리고 출판국(kmc) 편집실 직원들에게 감사드립니다.

편안하고 쉬운 **웨슬리** 설교와 만나기를

고신일 감독님께서 감리교회 감독으로서 감리교 정통교리를 현대적으로 해석하여 설교집을 출간하신 것은 매우 큰 의미가 있습니다. 교회사적 전통에 의하면, 감독이란 성서적 정통의 교리를 수호하기 위해 교리와 정통을 가장 깊이 이해하고 해석하는 직분입니다. 그리하여 모든 목회자들이 정통의 교리를 가지고 바른 목양을 하도록 돕고 훈련시켰던 것입니다. 초대교회부터 감독은 성서적 정통의 교리를 수호하기 위하여 목숨을 버리는 순교자였습니다.

이와 같은 의미에서 고신일 감독님이 웨슬리의 표준설교를 현대적인 언어로 재해설하여 출판하게 된 것은 감독의 직능과 사명을 모범적으로 실천한 것입니다.

이 책은

첫째, 성서적 정통의 교리를 현대인의 정서와 언어로 은혜롭게
　　　재구성하였습니다.

　웨슬리의 위대한 업적 중에 하나는 당시 영국교회의 추상적이
고 난해했던 신학을 평이하고 은혜로운 실천신학으로 재해석하
여 평범한 일반 대중들도 쉽게 이해하며 배울 수 있게 한 것입니
다. 「짝퉁 그리스도인 VS 진품 그리스도인」은 이러한 웨슬리의
표준설교를 다시 한 번 현대의 한국교회와 성도들에게 꼭 맞게
재해설하여 교리적 설교의 참신한 모범을 보여주는 설교집입니
다. 편안하게 읽히고, 쉽게 이해가 되면서도 많은 생각을 하게
하는 책입니다.

　둘째, 참된 기독교 신앙의 핵심들을 명확하게 소개하고 있습니
　　　다.

　웨슬리는 자신의 표준설교에 대해 이야기하면서, 이 설교들을
통해 자신이 주장하는 참된 기독교 신앙의 본질적인 것들을 발견
하게 될 것이라고 말했습니다. 「짝퉁 그리스도인 VS 진품 그리

스도인」도 그렇습니다. 웨슬리의 표준설교 중에서도 핵심적으로 여겨지는 설교들을 엄선하여 재구성하였는데, 기독교 신앙의 본질적인 것들은 하나도 빠뜨리지 않았다는 사실이 매우 인상적입니다. 이 책을 접하는 모든 이들은 웨슬리의 표준설교의 핵심을 맛보면서, 참된 기독교 신앙의 본질에 대해 많은 깨달음을 얻게 될 것입니다. 더 나아가 성숙한 교인으로 변화되어, 건강한 교회부흥을 일으키는 능력이 될 것입니다.

  셋째, 그리스도인의 실천을 추구하는 실천도서입니다.

  웨슬리의 신학은 전적으로 실천신학이고 목회신학입니다. 웨슬리는 일평생 실천적인 기독교를 힘을 다하여 추구하였습니다. 「짝퉁 그리스도인 VS 진품 그리스도인」에는 이러한 웨슬리의 정신이 곳곳에 스며들어 있습니다. 이 책을 읽는 성도들은 고신일 감독님의 14편의 웨슬리 설교를 통하여 그리스도인으로서 살아가는 자신의 삶의 자리를 돌아보며 진정한 기독교인의 거룩한 실천을 향해 한 걸음 더 나아갈 수 있는 계기를 마련하게 될 것입니다.
  감리교의 모든 목회자들, 더 나아가 한국감리교회의 모든 성도들을 위하여 감리교회 감독으로서 가장 귀중한 선물을 주셨다고 생각합니다. 이 설교집 출간으로 인하여 한국 감리교회가 진정한 웨슬리 전통과 실천신학을 배워 교회가 더욱 건강하게 성숙해지는 변화가 계속해서 일어나기를 바랍니다.

김 진 두 목사

영등포중앙교회 담임
감리교신학대학교 겸임교수

편안하고 쉬운 웨슬리 설교와 만나기를

단 한 가지 소망

누가 당신에게 "단 한 가지의 소망"이 무엇이냐고 묻는다면 어떻게 답변하실 것인가요? 고신일 감독님께 여쭙는다면, 책의 서문에서 밝혔듯이, "웨슬리 당시 영국에서 일어났던 부흥의 역사가 현재 우리에게도 동일하게 일어나는 것"이라고 대답하실 것입니다.

그렇습니다. 이 책은 이 '단 한가지의 소망'을 담은 책입니다. 오늘날 우리나라는 사회적 갈등, 정치적 불안, 경제적 도탄을 넘어 전쟁의 공포에까지 휩싸여 있습니다. 이것을 바라보는 성직자들과 그리스도인들의 '단 한 가지의 소망'이 "웨슬리 당시 영국에서 일어났던 부흥의 역사가 현재의 우리에게도 동일하게 일어나서" 대한민국이 하나님 나라의 형상을 회복하는 것이라면 이 설교집을, 이 간절한 기도서를 읽기를 바랍니다.

웨슬리 목사님은 자신의 설교집 서문에서 자신의 설교를 '평이한 진리'를 '평이한 사람들'을 위하여 '평이한 언어'로 행하였다고 밝혔습니다. 그러나 웨슬리에 관한 두 가지 표제, 즉 '오리무중의 인물'(리차드 하이젠레이터) 혹은 '이성적이면서 감성적인 인물'(헨리 락)이 나타내는 것처럼 실제로는 대학원생들이 읽기에도 힘겨울 정도입니다. 그럼에도 불구하고, 고신일 감독님은 대리석을 다듬어 아름다운 작품을 빚어내듯이, 난해한 설교들을 오늘의 설교자들은 물론 성도들도 잘 이해할 수 있도록 깔끔하게 다듬으셨습니다.

고신일 감독님은 웨슬리 목사님이 품었던 '단 한 가지 소망'을 위하여 존 웨슬리가 남긴 151편의 설교들 가운데 14편의 설교를 엄선하였습니다. 14편의 설교들은 신학적으로도 중요한 주제들을 골고루 다루고 있습니다. 믿음에 의한 칭의와 중생, 은혜의 수단을 통한 그리스도인의 온전한 삶, 그리고 고난 속에서도 낙심하지 않고 성장하며 성숙하도록 돕는 그리스도인의 윤리 등을 다루는 한편, 선 줄로 생각하는 그리스도인들이 나태하여지거나 잠들지 않도록 경고하는 메시지들도 담고 있습니다.

웨슬리의 설교는 18세기의 런던과 브리스톨과 옥스퍼드 등에 사는 영국 교회의 목사와 교수와 신자들뿐만 아니라 메도디스트를 포함하여 모라비안주의, 청교도주의, 루터주의, 칼빈주의, 그리고 아르미니안주의에 이르는 비국교도 목사들과 성도들에게도 영향을 주었습니다. 그리고 당시의 이성주의와 열정주의, 보수주

의와 진보주의, 상류층과 중·하류층 등에 속하는 다양한 사람들이 경청하였습니다.

이처럼, 고신일 감독님의 설교들 역시 21세기의 포스트모던 사회에 살고 있는 다양한 그리스도인들을 경청하게 할 것입니다. 비그리스도인들에게도 추천할 수 있지 않겠습니까? 의미 있으면서도 재미가 있기 때문입니다. 사회적이면서 영적이고, 현대적이면서 고전적이며, 개인적이면서 공동체적이고, 제사장적이면서도 예언자적이기 때문입니다.

웨슬리는 분명히 성경과 성령과 성화의 설교자였습니다. 프랑스의 역사학자 '엘리 할레비'가 주장하듯이, 영국이 프랑스와 달리 산업혁명의 위기에서 성공하게 된 것은 성경과 성령과 성화의 설교자에 의한 메도디스트 운동, 성령의 개인적·공동체적 체험 이후 대오각성하여 회개하면서 일어난 메도디스트 운동 때문이었습니다.

그렇습니다.

하나님 나라의 형상인 한국교회와 대한민국 모두가 직면하고 있는 세기적 위기를 극복하고 하나님의 심정으로 한반도를 품고 아시아를 넘어 열방으로 나아가기 위하여서는 웨슬리 목사님처럼 성령님의 임재를 개인적으로뿐만 아니라 교회 공동체적으로 경험해야 합니다. 또한 성경의 순수한 말씀과 성화의 삶을 온전하게 살고 있는 설교자들을 세워야 합니다. 우리는 21세기에 살고 있는 제2의 웨슬리를 목마르게 찾고 있습니다. 그리고 그분들의 설교를 듣고 성령님의 임재를 경험하고 말씀대로 사는, '성경과 성령과 성화의 메도디스트'의 운동이 일어나야 하지 않겠습니까?

"단 한 가지의 소망"의 기도를 드립니다.

성부와 성자와 성령 하나님,

고신일 감독님에게 성령님의 기름부으심이 웨슬리 목사님에게보다 7배나 더하게 하시옵소서! 감리교회의 목사님들이 공동체적으로 성령세례를 경험하고, 성경과 성령과 성화의 운동이 이 땅에 일어나게 하시옵소서! 그분들의 설교를 듣는 메도디스트들에게 성경과 성령과 성화의 기름부으심의 은총을 허락하시옵소서! 그리고 마침내 한국교회의 목회자들과 성도들에게 초교파적으로 기름부으심의 역사가 일어나 한국교회가 부흥되고 한국사회가 개혁되어 하나님 나라의 형상, 대한민국에 성경과 성령과 성화 운동이 일어나고 북녘 땅이 살아나게 하시옵소서!

임 승 안 목사

한국웨슬리학회 회장
나사렛대학교 전 총장·현 교수

차 례 • Content

『존 웨슬리』 설교 시리즈 **1**

거의 그리스도인
The Almost Christian

...that they ought not to be unjust: Not
to take away their neighbor's goods,
either by robbery or theft: not to oppress
the poor, neither to use extortion toward
any: Not to cheat or overreach either the
poor or rich, in whatsoever commerce
they had with them: To defraud no man
of his right, and if it were possible, to
owe no man anything.

아그립바가 바울에게 이르되 네가 적은 말로 나를 권하여
그리스도인이 되게 하려 하는도다

사도행전 26장 28절

요즘에는 짝퉁이라 해도 외관이나 품질이 진품과 거의 유사하기 때문에 전문가들도 구별하는 데 애를 먹는다고 합니다. 6년 간 짝퉁 명품 10만 개(600억 원 어치)를 만들어 팔다 적발된 사람이 있었습니다. 가방·지갑·운동화는 보통이고 비아그라·휘발유·쓰레기봉투·캐릭터·군복 등 짝퉁의 품목은 영역을 가리지 않습니다. 한국소비자원 분석에 따르면 국내 짝퉁시장은 약 14조 원이라고 합니다. 정품시장이 5조 원대임을 감안하면 짝퉁시장이 정품시장보다 3배나 큰 규모입니다.

그런데 제품이나 물건에만 짝퉁이 있는 것이 아닙니다. 신앙에도 짝퉁 신앙이 있고, 그리스도인들 가운데에도 짝퉁 그리스도인이 있습니다. 웨슬리 목사님이 활동하던 시대에도 짝퉁 그리스도인이 있었던 모양입니다. 그래서 웨슬리 목사님은 '거의 그리스도인(The Almost Christian)'이라는 제목의 설교를 하셨습니다. 겉으로 보기에는 그리스도인처럼 보이지만 예수님을 닮지 않은 사람들이 많다는 것입니다.

진품처럼 보이는 짝퉁 신앙

'거의 그리스도인'에 대해 먼저 생각할 것은 **'정직'**입니다. 거의 그리스도인들도 정직합니다. 여기서 말하는 정직은 이웃의 소유물을 빼앗아서는 안 된다는 것, 가난한 이들을 학대하거나 누군가를 협박하거나 속여서 거래를 하면 안 된다는 것, 다른 사람의 어떠한 권리도 빼앗아서는 안 된다는 것, 가능한 남에게 신세를 지지 않는 것 등을 가리킵니다.

그런데 이런 것은 하나님을 믿지 않는 사람들이나 타종교인들도 실천하며 사는 것입니다. 믿음을 갖지 않은 사람들도 편견 없이 다른 사람을 돕고, 남은 음식으로 주린 자들을 먹이며, 남은 옷으로 헐벗은 자들을 입히고, 필요 없는 물건을 필요한 사람들에게 나누어 주기도 합니다.

신앙을 가진 우리만 '정의롭게' 사는 것이 아닙니다. 그리스도인이라면 당연히 정직해야 하고 정의로워야 하지만 단지 그것만으로 완전한 그리스도인이라고 할 수는 없다는 뜻입니다. 예수 믿지 않는 사람들도 정의와 윤리, 도덕의 기준에 따라 정직하게 사는 사람들이 많습니다. 그러므로 예수 믿는 우리들은 믿지 않는 사람들보다 더 정직하게 살려고 노력해야 합니다.

한 유대인 여인이 아들과 함께 백화점에서 양복과 외투를 샀습니다. 집으로 돌아와 포장지를 뜯어보니 양복 주머니 안에 다이아몬드 반지가 들어 있었습니다. 반지는 어머니의 손가락에 잘 어울렸습니다. 그때 아들이 어머니에게 말했습니다. "어머니, 양복주머니에 반지가 들어 있는 것을 아는 사람은 아무도 없어요. 이건 어머니의 것입니다." 하지만 어머니는 말없이 아들을 데리고 백화점으로 가서 자초지종을 설명했습니다. 그러자 주인이 "옷을 사신 분이 반지의 주인이십니다. 왜 반지를 돌려주려 하십니까?"라고 했습니다. 어머니는 아들의 얼굴을 바라본 뒤 이렇게 대답했습니다. "저는 옷을 샀을 뿐입니다. 반지를 산 적은 없어요. 저는 유대인입니다." 그 모습을 본 아들은 어머니로부터 유대인의 정직을 배웠다고 합니다.

그리스도인이라는 말 자체가 믿을 만한 사람이라는 것을 나타내야 하는데 요즘에는 '그리스도인이 더해!' 라는 말을 들을 때가 많습니다. 우리는 주변 사람들에게 '저는 예수 믿는 사람입니다.' 라고 당당하게 말할 수 있어야 합니다. 예수 믿는 우리들이, 예수 믿는 우리들의 말이 정직과 신뢰의 보증수표가 되어야 합니다. 진정한 영성은 일상생활에서 증명되는 것이기 때문입니다.

'거의 그리스도인' 에 대해 두 번째로 생각할 것은 **경건의 모양**에 관한 것입니다. 거의 그리스도인도 그리스도인으로서 갖춰야 할 겉모습을 갖추고 있습니다. 그들도 하나님의 이름을 망령되게 부르지 않습니다. 주일을 지키려고 노력하며, 술에 취하지 않으려고 노력합니다. 이웃의 약점이나 허물을 들추지 않으며, 주위 사람들에게 호의를 베풀기 위해 노력합니다. 가정예배를 드리고, 시간을 정해 개인기도를 합니다. 이처럼 거의 그리스도인도 신앙의 형식을 갖추고 삽니다.

사실 이만하면 참 그리스도인이라 해도 무방할 정도입니다. 그러나 우리는 성령에 사로잡히지 않아도 얼마든지 그런 일을 할 수 있다는 사실을 알아야 합니다. 옛날에 경건한 사람들은 늘 말씀을 묵상하고 기도하는 자세로 길을 다녔습니다. 그러다 보니 나무에 부딪혀 이마에 멍이 들거나 피를 흘리곤 했습니다. 그래서 사람들은 이마에 상처가 있거나 피가 흐르는 사람을 보면 '경건한 사람'이라고 여겼습니다. 그런데 그런 말을 듣고 싶어하던 바리새인들이 있었습니다. 그래서 그들은 집에서부터 자신의 이마를 벽에 찧어 피를 흘리며 나왔다고 합니다. 17세기에 뜨거운 청교도 신앙을 가졌던 토마스 왓슨은 그와 같은 거짓 경건을 "이중 죄악"이라고 표현했습니다.(김병삼, 『명품설교순례』(서울: 교회성장연구소, 2011), p.48)

하나님 마음에 합한 신앙생활을 하는 것이 아니라 다른 사람의 마음에 합하게 신앙생활을 하려는 사람들이 많습니다. 하나님이 아닌 사람에게 보여주려는 태도 말입니다. 잊지 말아야 할 것은 하나님은 우리의 중심을 보신다는 사실입니다.(삼상 16:7) 또한 베드로전서 3장 3~4절에 "너희의 단장은 머리를 꾸미고 금을 차고 아름다운 옷을 입는 외모로 하지 말고 오직 마음에 숨은 사람을 온유하고 안정한 심령의 썩지 아니할 것으로 하라 이는 하나님 앞에 값진 것이니라"고 했습니다. 우리는 겉으로 보이는 것보다 내면이 훨씬 중요하다는 사실을 잊지 말아야 합니다.

'거의 그리스도인'에 대해 세 번째로 생각할 것은 **'진실성(혹은 성실성)'**입니다. 거의 그리스도인도 하나님을 섬기고 하나님의 뜻을 이루는 데 진실된 마음을 갖고 있습니다. 그들은 모든 일(대화,

행동 등)에서 하나님을 기쁘시게 하고자 하는 진실한 생각을 가지고 있습니다.

Sincerity therefore is necessarily implied in the being 'almost a Christian' : a real design to serve God, a hearty desire to do his will. It is necessarily implied that a man have a sincere view of pleasing God in all things: in all his conversation, in all his actions; in all he does or leaves undone. This design, if any man be 'almost a Christian' , runs through the whole tenor of his life. This is the moving principle both in his doing good, his abstaining from evil, and his using the ordinances of God. -Albert C. Outler, 「The Works of John Wesley-vol.1」, Abingdon Press, 1984, p.136.

그러므로 성실성은 '명목상의(거의) 그리스도인'이 되는 것 가운데 필연적으로 포함되어 있는 것으로서 하나님께 봉사하려는 진정한 의도, 하나님의 뜻을 이루려는 열망입니다. 그 속에는 인간이 모든 일에서, 즉 모든 회화, 모든 행동, 그가 했거나 하지 않고 남겨 둔 모든 일에서 하나님을 기쁘시게 하려는 순진한 생각이 필연적으로 포함되어 있습니다. 만일, '명목상의(거의) 그리스도인'이라면 그 의도가 그 사람의 전 생활 항로 속에 일관되게 나타나는 것입니다. 그 사람이 선을 행하는 일에도, 악을 행하지 않는 일에도, 하나님의 성례전을 사용함에서도 그것이 그 주요 원리입니다. -존 웨슬리 지음, "명목상의 그리스도인," 한국웨슬리학회 편, 『웨슬리 설교전집 1』(서울: 대한기독교서회, 2006), p.39.

그러나 그런 마음을 가지고 있고 잠시 그런 모습을 보인다고 해서 '완벽한' 100점이 되는 것은 아니라고 웨슬리 목사님은 말합니다.

지금까지 '거의 그리스도인'의 세 가지 문제, 즉 정직, 경건의 모양, 진실성을 살펴보았습니다. 우리 생각에는 이 정도 하면 참 그리스도인이 될 법도 한데 왜 '거의 그리스도인' 밖에 되지 않는지, 참 그리스도인이 되려면 무엇이 더 필요한지 궁금해집니다. 웨슬리 목사님은 이렇게 말씀하셨습니다.

나는 이 정도로 여러 해를 살아왔습니다. …나는 모든 악을 피하고 죄 없는 양심을 가지려고 노력했습니다. 나는 시간을 헛되이 하지 않으려 했고, 모든 사람에 대한 여러 가지 선행의 기회를 전부 얻었습니다. …내 앞에 서 계시는 하나님께서 내 증인입니다. 나는 이 모든 것을 성실하게 하고 하나님께 봉사하려는 진정한 의도를 가지고 있었습니다. …그러나 성령 안에서 나 자신의 양심은 이 기간 중에 내가 단지 '명목상의(거의) 그리스도인'에 불과했다고 나를 향해 증언합니다. –존 웨슬리 지음, "명목상의 그리스도인," 한국 웨슬리학회 편, 『웨슬리 설교전집 1』(서울: 대한기독교서회, 2006), p.40.

I did go thus far for many years, as many of this place can testify: using diligence to eschew all evil, and to have a conscience void of offence; redeeming the time, buying up every opportunity of doing all good to all men; constantly and carefully using all the public and all the private means of grace; endeavouring after a steady seriousness of behaviour at all times and in all places. And God is my record, before whom I stand, doing all this in sincerity; having a real design to serve God, a hearty desire to do his will in all things, to please him who had called me to 'fight the good fight,' and to 'lay hold of eternal life.' Yet my own conscience beareth me witness in the Holy Ghost that all this time I was but 'almost a Christian'. -Albert C. Outler, 「The Works of John Wesley-vol.1」, Abingdon Press, 1984, pp.136~137.

웨슬리 목사님은 하나님의 영광을 위해 최선을 다해 일하셨습니다. 얼마나 최선을 다해 살았는지 '하나님이 내 증인이 된다.'

고까지 고백하고 있습니다. 그럼에도 불구하고 자신은 거의 그리스도인밖에 되지 않는다고 말합니다. 정직함과 경건의 모습, 진실함을 가지고 있어도 '거의'에 머무른다는 것입니다. 그렇다면 참 그리스도인이 되기 위해서 어떻게 해야 할까요? 무엇이 필요할까요?

진품 그리스도인이 되려면

첫째, 참 그리스도인은 하나님을 사랑합니다.

"네 마음을 다하며 목숨을 다하며 힘을 다하며 뜻을 다하여 주너의 하나님을 사랑하고."(눅 10:27) 이것은 온 마음을 기울이고, 모든 감정을 쏟아 부어 '하나님'을 사랑하는 것입니다. 하나님을 사랑하는 사람은 끊임없이 하나님을 기뻐하며 찬양합니다.(눅 1:47) 그 기쁨의 근원은 '모든 것 되시는 하나님'입니다. 그래서 시편 기자는 "하늘에서는 주 외에 누가 내게 있으리요 땅에서는 주밖에 내가 사모할 이 없나이다"(시 73:25)라고 고백했습니다.

영혼이 하나님으로 가득 채워져서 하나님과 동행하는 삶을 사는 사람이 참 그리스도인입니다. 하나님의 사랑에 가득 찬 사람은 '하나님 안에 있고, 하나님도 그의 안에' 계시기에 "육신의 정욕과 안목의 정욕과 이생의 자랑"(요일 2:16)도 무가치하게 여깁니다. 세상에 있는 모든 것, 곧 육체의 욕망과 눈의 욕망과 세상 살림에 대한 자랑은 모두 하늘 아버지에게서 온 것이 아니라, 세상에서 온 것이기 때문입니다.

우리는 하나님을 사랑한다고 말하는데 정말 하나님뿐입니까? 주일을 지키고 경건하게 산다고 말하지만 교회에 와서 조금 불편하고 마음에 들지 않는 일이 있으면 예배 때 받은 은혜를 다 쏟아버리고 갑니다. '하나님뿐입니다.' 라고 찬양하고 기도하고 '아멘' 하지만 육신의 정욕과 안목의 정욕과 이생의 자랑의 유혹을 떨치지 못합니다. 하나님을 온전하게 사랑하고 산다는 것이 이처럼 어려운 일입니다.

둘째, 참 그리스도인은 이웃을 사랑합니다.

누가복음 10장 27절에 "네 이웃을 네 자신 같이 사랑하라"고 했습니다. 누가 우리의 이웃입니까? 세상에 사는 모든 사람이 우리의 이웃입니다. 누구도 이웃 사랑의 범위에서 제외되어서는 안 됩니다. 제외할 수 없습니다. 참 그리스도인은 모든 사람들을 사랑하는 사람입니다.

그런데 이 일이 쉽지 않습니다. 솔직히 말해 어렵습니다. 여러분은 여러분의 가족, 친척 모두를 사랑하십니까? 교회에서 함께 신앙생활을 하는 모든 분을 사랑하십니까? 사실 교회 안에서도 마음에 들지 않는 이가 있고, 마주치기 싫은 사람도 있습니다. 그런 사람을 사랑한다는 것이 쉽지 않습니다. 그래도 사랑해야만 합니다. 에베소서 5장 2절에 "그리스도께서 너희를 사랑하신 것 같이 너희도 사랑 가운데서 행하라 그는 우리를 위하여 자신을 버리사 향기로운 제물과 희생제물로 하나님께 드리셨느니라"고 했습니다. 예수님은 우리를 사랑하시되 목숨을 내어주시기까지 사랑하셨습니다. 우리도 우리의 이웃을 향해 목숨까지도 내어주는 사랑의 마음을 가지고 실천해야 합니다. 그것이 '거의'를 넘어 '참' 그리스도인이 되는 방법입니다.

사랑이 무엇입니까? 고린도전서 13장 4~7절에서 잘 가르쳐주고 있습니다. "사랑은 오래 참고 사랑은 온유하며 시기하지 아니하며 사랑은 자랑하지 아니하며 교만하지 아니하며 무례히 행하지 아니하며 자기의 유익을 구하지 아니하며 성내지 아니하며 악한 것을 생각하지 아니하며 불의를 기뻐하지 아니하며 진리와 함께 기뻐하고 모든 것을 참으며 모든 것을 믿으며 모든 것을 바라며 모든 것을 견디느니라." 이웃에게 이런 사랑을 행하는 자가 참 그리스도인입니다.

셋째, 참 그리스도인은 믿음의 사람입니다.

요한일서 5장 1절에 "예수께서 그리스도이심을 믿는 자마다 하나님께로부터 난 자니"라 하였고, 요한복음 1장 12절에는 "영접하는 자 곧 그 이름을 믿는 자들에게는 하나님의 자녀가 되는 권세를 주셨으니"라고 했습니다. 참 그리스도인은 성경이 진리임을 믿고 예수님을 통해서 구원받는다는 분명한 확신을 갖고 사는 사람입니다. 바른 믿음을 가진 참 그리스도인은 하나님과 이웃을 사랑하고 열매 맺으며 삽니다. 이처럼 변함없는 사랑으로 역사하는 믿음을 가진 사람은 거의 그리스도인이 아닌 참 그리스도인입니다.

웨슬리 목사님은 현 시대를 사는 우리들에게 이렇게 질문을 던집니다. 당신은 '나의 하나님, 나의 전부'라고 외칠 수 있습니까? 당신은 하나님 이외에 아무것도 바라지 않습니까? 당신은 하나님으로 행복합니까? "사랑하는 자는 형제를 사랑할지라" (요일 4:21)는 계명이 마음속에 새겨져 있습니까? 당신은 당신의 이웃을 당신 몸처럼 사랑합니까? 당신이 하나님의 자녀임을 성령이 증거하고 있습니까?

여러분은 이 질문에 뭐라고 대답하시겠습니까? 웨슬리 목사님의 설교는 이렇게 이어집니다.

이 정도까지 가는 사람은 많습니다. 세상에 기독교가 전파된 이래로 어느 시대 어느 민족 가운데도 그리스도인이 되도록 거의 90퍼센트쯤 형식적으로 설복된 사람은 많이 있었습니다. 그러나 '그 정도까지밖에' 갈 수 없다면 이것은 하나님 앞에서 아무 쓸모가 없는 것입니다. -존 웨슬리 지음, "명목상의 그리스도인," 한국웨슬리학회 편, 『웨슬리 설교전집 1』(서울: 대한기독교서회, 2006), p.34.

And many there are who go thus far: ever since the Christian religion was in the world there have been many in every age and nation who were 'almost persuaded to be Christians'. But seeing it avails nothing before God to go *only thus far*, - Albert C. Outler, 「The works of John Wesley-vol.1」, Abingdon Press, 1984, p.131.

진품을 넘어 명품 신앙으로

짝퉁을 넘어 명품 신앙이 되기 위해서는 '거의', '90퍼센트'로
는 모자랍니다. 100퍼센트가 되어야 합니다. 큰 은사를 받고, 교
회에서 열심히 봉사하고, 예배에 빠지지 않고, 기도를 많이 하
고, 교인된 의무를 다하여도 하나님 사랑, 이웃 사랑, 거기에 참
믿음이 없다면 '거의'에 머무를 수밖에 없습니다.

"내가 네 행위를 아노니 네가 차지도 아니하고 뜨겁지도 아니
하도다 네가 차든지 뜨겁든지 하기를 원하노라."(계 3:15) 이 말씀
은 라오디게아 교인들을 향한 책망입니다. 라오디게아 지역은 물
사정이 좋지 않아서 이웃 도시에서 물을 끌어다가 사용했습니다.
북쪽으로 11km 정도 떨어진 '히에라볼리'에서는 온천수를 공급
받았고, 남쪽으로 16km 정도 떨어진 '골로새'에서는 지하수를
공급받았습니다. 이렇게 먼 거리에서 물을 공급받다 보니 그들이
물을 마실 때가 되면 뜨겁지도 않고 시원하지도 않았다고 합니
다. "차든지 뜨겁든지" 하라는 말씀은 참 그리스도인, 분명한 그
리스도인이 되라는 명령입니다.

우리는 이제 적당히, 대충, 그럴듯한 그리스도인이 아니라 가
정에서나 일터에서(학교에서) 그리고 교회에서 신실한, 분명한, 변
함없는, 하나님과 사람 앞에 부끄러움 없이 당당한 그리스도인이
되어야 합니다. 당당하게 자신을 드러내고 그리스도인임을 드러
내야 합니다. 매순간 언제 어디서나 '거의'가 아닌 '완벽한' 그
리스도인, 90%가 아닌 100% 그리스도인이 되기 위해 노력해야

합니다. 그러기 위해 사도 바울도 "날마다 죽노라"(고전 15:31)며 "날마다 순교자"의 삶을 살기를 고백했습니다.

사랑하는 성도 여러분, 미지근한 신앙이 아닌 뜨거운 신앙의 사람이 되어야 합니다. 불순물이 섞이지 않은 순도 100%의 신앙을 가지기 위해 저 높은 곳을 향해 날마다 나아가야 합니다. 명품 신앙, 완벽한 신앙인으로 살도록 마음을 정하고 하나님 마음에 합한 삶을 살기를 노력하는 복된 삶의 주인공이 되시기를 바랍니다.

전능하신 하나님!
우리는 부족합니다.
연약합니다.
어떤 때는 감당하기 어려운 갈등에 휘말릴 때도 있습니다.
연약한 우리를 붙들어 주옵소서.
참과 거짓이 싸울 때, 선과 악이 싸울 때
우리가 어느 편에 설 것인지
성령의 도우심으로 바른 선택을 하게 하여 주옵소서.
'거의 그리스도인'에 머무는 것에 감사하는 자가 아니라,
완벽한 '참 그리스도인'이 되기 위해 노력하는
복된 삶의 주인공이 되게 하여 주옵소서.
예수님의 이름으로 기도하옵나이다. 아멘.

『존 웨슬리』 설교 시리즈 **2**

돈 · 돈 · 돈
The Use of Money

*Therefore no gain whatsoever should
induce us to enter into, or to continue in,
any employ which is of such a kind, or
is attended with so hard or so long
labour as to impair our constitution.⋯
We are, secondly, to gain all we can
without hurting our mind any more
than our body ⋯We are, thirdly, to
gain all we can without hurting our
neighbour.*

내가 너희에게 말하노니 불의의 재물로 친구를 사귀라 그리하면
그 재물이 없어질 때에 그들이 너희를 영주할 처소로 영접하리라

누가복음 16장 9절

> 사람들은 오래 전부터 돈을 대신하여 조개껍질, 비단, 가축 등을 경제활동에 사용해 왔습니다. 예수님 당시에도 사람들로부터 세금을 거두는 '세리'라는 직업이 있었고, 예수님은 당시 화폐 단위였던 '드라크마', '달란트' 등을 소재로 비유를 말씀하셨습니다. 웨슬리 목사님도 한 부자의 재산을 소재로 삼은 말씀을 가지고 하나님의 자녀들이 돈을 어떻게 사용해야 하는지를 가르쳤습니다. 1760년에 전한 것으로 알려진 웨슬리 목사님의 설교 "돈의 사용"은 모든 그리스도인에게 물질의 사용에 대한 훌륭한 지침이 되고 있습니다.

세상에서 돈의 중요함을 부정할 사람은 아무도 없습니다. 그리스도인도 마찬가지입니다. 예수 믿는 우리도 물질을 놓고 기도합니다. 돈 때문에 하나님께 감사하기도 하고 돈 때문에 시험에 들기도 합니다. 때로는 헌금 때문에 갈등을 겪는 경우도 있습니다. 돈은 중요하고 또 필요합니다. 그러나 돈을 주시는 분도, 거두시는 분도 하나님이라는 사실을 우리는 분명히 기억해야 합니다.

어떤 부자에게 관리인이 있었습니다. 그런데 그 관리인이 재산을 낭비한다는 말이 들려 주인이 그 관리인을 불러놓고 말했습니다. "내가 네게 대해서 들은 말이 있는데 어찌 된 일이냐? 네 사무 관리를 청산하라. 이제부터 네게 관리인의 직분을 맡길 수 없다."(눅 16:1~2) 그런데 예수님은 그 불의한 관리인이 궁핍한 때를 대비한 방책이라 하자 "그의 주인이…오히려 칭찬했다."(눅 16:8)고 하셨습니다. 그런데 그 칭찬에 대해 설명하는 예수님의 말씀에 이해하기 어려운 점이 있습니다. 예수님은 이렇게 말씀하셨습니다. "내가 너희에게 말하노니 불의의 재물로 친구를 사귀라." (눅 16:9) 재물로 친구를 사귀라는 것은 이해가 되지만 '불의의 재물'로 친구를 사귀라는 말은 언뜻 비윤리적, 비도덕적으로 이해됩니다. 그러나 이 말은 예수님이 제자들에게 "미래에 있을 영적 유익을 위해 물질적인 것들을 사용해야 한다는 것"을 가르치는 내용입니다. 물론 땀 흘려 공정하게 재물을 모으는 사람도 많지만, 웨슬리 목사님은 사람들이 흔히 불의한 방법으로 재물을 모으기 때문에, 또 그 재물을 정당하게 모았다고 할지라도 불의하게 사용되는 경우가 많기 때문에 '불의한 재물'이라고 말한 것입니다.

동서고금을 막론하고 시대를 이끌던 인물들과 지혜가 뛰어났던 사람들은 돈이 세상을 부패시키고 인간 사회를 악하게 한다고 말했습니다. 서양에는 "금은 날카로운 칼보다 더욱 유해하다.", "부의 축적은 모든 악을 유발시킨다."는 격언이 전해집니다. 그러나 성경은 이렇게 전합니다. "돈을 사랑함이 일만 악의 뿌리가 되나니 이것을 탐내는 자들은 미혹을 받아 믿음에서 떠나 많은 근심으로써 자기를 찔렀도다."(딤전 6:10) 돈 자체가 악한 것은 아닙니다. 잘못은 돈에 있는 것이 아니라 돈을 잘못 사용하는 사람들에게 있습니다. 돈이 악의 뿌리가 아니라 돈을 사랑하는 것이 악의 뿌리입니다. 하나님을 사랑하고, 사람을 사랑하고, 자신을 사랑해야 하는데 사랑의 대상이 물질과 돈으로 바뀌는 것이 문제입니다.

하나님의 자녀들의 수중에 있는 돈은 배고픈 자들에게 먹을 것을, 목마른 자들에게 마실 것을, 헐벗은 자들에게 입을 것을 제공해 줍니다. 억눌린 자들을 보호할 수 있으며, 병든 자에게는 건강을 줄 수 있고, 고통 받는 자에게는 안위를 줄 수 있습니다. 그러므로 하나님을 경외하는 사람들이 돈을 어떻게 가치 있게 사용하는지를 배우는 것은 아주 중요한 일입니다.

많이 벌라

우리가 사는 세상에서 재물은 꼭 필요한 것입니다. 많다고 자랑할 것도 아니지만 없다고 칭찬받을 일도 아닙니다. 그러므로 그리스도인은 세상에서 정직하게 노력하여 "될 수 있는 대로 많이 벌어야 합니다." 하나님께서 우리에게 주신 소명을 이루기 위해 우리는 가능한 모든 노력을 다해야 합니다. 정직하게 노력해서 많이 버는 것, 이것이 돈에 대해 첫째로 생각해야 할 일입니다. 정말 중요한 것은 돈의 가치를 알고 얼마나 귀하게 쓰느냐

하는 것입니다.

영국의 대부호이자 건축가인 토머스 해밀턴(Thomas Hamilton, 1563~1637) 가(家)에는 선조로부터 대대로 내려오는 불가사의한 보물이 있었습니다. 사람들 사이에는 그 보물이 황금을 생기게 하는 '마법의 돌'이라는 소문이 있었지만 그 정체를 정확히 아는 이는 아무도 없었습니다. 한번은 영국 왕 제임스 6세(James Ⅵ, 1566~1625)가 해밀턴의 집을 방문했습니다. 해밀턴 가문의 보물에 대해 들은 왕은 해밀턴에게 그 보물을 보여 달라고 간청했습니다. 해밀턴이 작은 상자를 가지고 오자 왕은 호기심에 가득 찬 얼굴로 상자의 뚜껑을 열었습니다. 그런데 상자 안에는 마법의 돌이 아닌 종이가 들어 있었습니다. 종이에는 이런 내용이 적혀 있었습니다. "내일이 있다고 생각하지 마라. 타인의 힘을 의지하지 마라." '내일이 있다, 천천히 하자, 나중이 있다.'라고 생각하지 말고 '오늘 부지런히 일하라. 다른 사람에게 신세지지 말고 열심히 땀 흘려 살라.'는 말입니다.

영어를 모국어로 사용하는 사람들은 약자(略字)를 즐겨 사용합니다. 한때 그리스도인들 사이에서 "WWJD" 즉 "예수님이라면 어떻게 하셨을까?(What would Jesus do?)"라는 문구가 유행해서 이 네 글자를 새긴 티셔츠, 팔찌, 모자 등이 인기를 얻었던 때가 있었습니다.

한 기업가가 처음 사업을 시작할 때 미국에 있는 한 교포가 넥타이를 선물했는데 넥타이에는 영문 알파벳 'Y.C.D.N.O.Y.A'가 적혀 있었습니다. 선물을 받은 기업가는 그 뜻이 궁금해 물었습니다. 넥타이에 적힌 알파벳은 "You Can Do Nothing On Your Armchair" 즉 "편안한 의자에 앉아서는 아무것도 할 수 없다."는 문장의 약자였습니다. 사람들은 보통 안락의자에 앉아서 편안히 쉬는 것을 좋아하지만, 그보다는 일어나 움직여야 무엇인가 얻을 수 있다는 뜻입니다.

하나님께서는 최선을 다하는 사람에게 풍족함을 약속하셨습니다. "게으른 자는 마음으로 원하여도 얻지 못하나 부지런한 자의 마음은 풍족함을 얻느니라."(잠 13:4) 늘 사용하는 열쇠는 맨들맨들해지며 빛을 내게 됩니다. 그러나 어쩌다 한 번 사용하는 지하실이나 창고의 열쇠는 녹이 슬고 색이 변해 있게 마련입니다. 우리가 잊지 말아야 할 것은 모든 점에서 바쁘게, 부지런하게, 자주, 반복하여, 끊임없이, 끝까지 노력해야 빛이 나는 인생을 살 수 있다는 것입니다.

그러나 열심을 내는 데에도 몇 가지 원칙이 있습니다. 열심과 부지런함으로 인해 몸을 해치지는 말아야 합니다. 또한 열심히 일해 많은 돈을 벌어도 맘이 상하면 무슨 소용이 있겠습니까. 이미 존재하는 규칙과 법을 어겨가면서 자신을 해치지도 말아야 하며, 자신의 근면함 때문에 다른 사람에게 피해를 주어서도 안 될 것입니다.

그러므로 우리는 어떠한 종류의 직업일지라도 그것이 너무 고되거나 오랜 노동을 하게 되어 건강을 해치게 하는 직업은 어떤 이득이 있다고 하더라도 취하지도 말고 계속하지도 말아야 합니다. …두 번째로, 우리는 우리의 몸을 해치지 말아야 하는 것처럼 우리의 마음을 해치지 않는다는 처지에서 될 수 있는 대로 많이 벌어야 합니다. …세 번째로, 우리는 이웃을 해치지 않는 한도 내에서 될 수 있는 대로 많이 벌어야 합니다. -존 웨슬리 지음, "돈의 사용," 한국웨슬리학회 편, 『웨슬리 설교전집 3』(서울:대한기독교서회, 2006), pp.285~287.

Therefore no gain whatsoever should induce ud to enter into, or to continue in, any employ which is of such a kind, or is attended with so hard or so long labour, as to impair our constitution.··· We are, secondly, to gain all we can without hurting our mind any more than our body ···We are, thirdly, to gain all we can without hurting our neighbour. -Albert C. Outler, 「The works of John Wesley-vol. 2」, Abingdon Press, 1986, pp.269~270.

당신은 어제 한 일보다 오늘 더 좋은 일을 할 수 있도록 다른 사람의 경험과 자신의 경험, 독서, 사색을 통해 끊임없이 무엇인가를 배워야 합니다. 그리고 당신이 배운 것은 무엇이든지 실천하도록 하고 당신에게 부과된 모든 일에 최선을 다하도록 하십시오. -요한 웨슬레 지음, 조종남 편, 『요한 웨슬레 설교선집 Ⅰ』(서울:청파, 1994), p.312.

You should be continually learning from the experience of others or from your own experience, reading, and reflection, to do everything you have to do better today than you did yesterday. And see that you practise whatever you learn, that you may make the best of all that is in your hands. -Albert C. Outler, 「The works of John Wesley-vol.2」, Abingdon Press, 1986, p.273.

많이 저축하라

그리스도인들이 정직한 지혜와 불굴의 노력으로 많이 벌었다면 신중하게 행해야 할 두 번째 법칙은 "될 수 있는 대로 모든

존 웨슬리의 위대한 유산

것을 저축하라."는 것입니다. 예수 믿는 우리는 최선을 다해 번 물질을 육신의 정욕이나 안목의 정욕, 생활의 허영심을 충족시키기 위해 사용하지 말아야 합니다. 이는 또 다른 낭비의 원인이 됩니다.

<table>
<tr>
<td>Do not throw it away in idle expenses, which is just the same as throwing it into the sea. Expend no part of it merely to gratify the desire of the flesh, the desire of the eye, or the pride of life. -Albert C. Outler, 「The works of John Wesley-vol. 2」, Abingdon Press, 1986, p.274.</td>
<td>재물을 무익한 경비로 쓰지 않게 하십시오. 그것은 재물을 바다에 던지는 것과 같습니다. 단지, 육신의 정욕이나 안목의 정욕, 생활의 허영심을 충족시키기 위해 재물의 일부를 사용하지 마십시오. -존 웨슬리 지음, "돈의 사용," 한국웨슬리학회 편, 『웨슬리</td>
</tr>
</table>

설교전집 3』(서울:대한기독교서회, 2006), p.291.

사람의 욕망은 점점 더 자랍니다. 처음 것이 충족되었다고 해서 끝나는 것이 아니라 멋지고 예쁜 것을 보면 잠시 후에는 더 멋진 것을 찾게 되고, 맛있는 음식을 먹어본 사람은 더 맛있는 음식을 찾게 됩니다. 물론 적절하게 보고, 듣고, 먹고, 즐기는 일이 필요하지만 점점 몸에 필요한 것 이상의 것을 원하게 됩니다. 그렇기 때문에 우리는 하나님께로부터 오는 칭찬에 만족할 줄 아는 절제와 감사의 훈련을 해야 합니다. 그러기 위해 모은 재물도 남겨 두고 저축할 줄 알아야 합니다.

많이 주라

    그런데 많은 사람들이 많이 벌어 아끼고 모으는 것에 머무르려고 합니다. 더 높은 목표를 가지고 그리로 나아가지 않는다면 모든 것이 허사가 됩니다. 쌓아 놓기만 하는 것은 진정한 의미에서 저축이라고 말할 수 없습니다. 돈을 사용하지 않고 모으기만 하는 것은 돈을 던져 버리는 것과 똑같습니다. 그러므로 세 번째 법칙을 잊지 말아야 합니다. "할 수 있는 대로 모든 것을 줄 수 있어야 합니다."

    그러나 사람들이 '할 수 있는 한 많이 벌고' 저축하는 데까지 겨우 이르고 나서, 여기에서 멈추고 다 된 것처럼 생각해서는 안 됩니다. 만일 사람이 거기서 그치고, 더 높은 목표를 향해 나아가지 않는다면 모든 것이 다 허사가 됩니다. 만일 그가 쌓아 놓기만 한다면 진실한 의미에서 저축한다고 말할 수는 없습니다. 돈을 땅 속에 파묻느니 차라리 바다에 던지는 것이 낫습니다. 여러분의 금고나 은행에 돈을 넣어 두는 것은 돈을 땅 속에 파묻는 일과 마찬가지입니다. 돈을 사용하지 않는 것은 절대적으로 돈을 던져 버

But let not any man imagine that he has done anything barely by going thus far, by *gaining and saving all he can*, if he were to stop here. All this is nothing if a man go not forward, if he does not point all this at a farther end. Nor indeed can a man properly be said to *save* anything if he only *lays it up*. You may as well throw your money into the sea as bury it in the earth. And you may as well bury it in the earth as in your chest, or in the Bank of England. Not to use, is effactually to throw it away. If therefore you would indeed 'make yourselves friends of the mammon of unrighteousness', add the third rule to the two preceding. Having first gained all you can, and secondly saved all you can, then give all you can. -Albert C. Outler, 「The works of John Wesley-vol.2」, Abingdon Press, 1986, pp.276~277.

리는 일과 마찬가지입니다. 그러므로 만일 여러분이 '불의한 재물로 친구를 사귈 생각이 있다면' 앞서 말한 두 가지 법칙에다 세 번째 법칙을 추가시켜야 합니다. 첫째로는 할 수 있는 대로 많이 벌고, 둘째로는 할 수 있는 대로 많이 저축하고, 그러고 나서 "할 수 있는 대로 모든 것을 주십시오."-존 웨슬리 지음, "돈의 사용," 한국웨슬리학회 편, 『웨슬리 설교전집 3』(서울:대한기독교서회, 2006), p.295.

내 손에 움켜쥐는 것이 아니라 펼쳐 내야 한다는 것입니다. 준다는 것은 손을 펴는 것입니다. 베풀고 나누라는 것입니다. 여러분 가정에도 쌓아 둔 물건, 옷 등이 있을 것입니다. 비싸게 주고 샀는데 지금은 맞지 않는 옷, 나중에 입으려다가 미처 입지 못한 옷 등이 있을 것입니다. 어려운 사람을 위해 옷을 수집한다고 하면 이러한 옷들을 모두 내놓을 수 있습니까? 사람들의 문제는 지금 내게 꼭 필요한 것이 아님에도 불구하고 가지고 있는 것입니다. 우리가 가지고 있는 것을 나눌 줄 모르고 베풀 줄 모르는 것이 문제입니다.

미국의 언론인으로서 자수성가한 백만장자 조지 허스트의 아들 윌리엄 허스트(William Randolph Hearst, 1863~1951)가 세상에서 가장 값진 그림 이야기를 신문에서 읽었습니다. 그는 그 그림을 사고 싶어 그 그림이 어디에 있는지 알아보라고 비서들에게 지시했습니다. 비서들은 세계 각처에 있는 미술관과 수집가들을 뒤져서 수개월 후에 그림이 있는 곳을 발견했습니다. 몇 년 전부터 그림이 보관되어 있던 곳은 다른 곳이 아닌 윌리엄 허스트의 집 창고였습니다. 그는 값비싼 그림을 가지고 있었지만 자기가 가지고 있다는 것을 알지 못했던 것입니다.(그날의 양식 www.biblemaster. co.kr, "누리지 못하는 부")

값있는 것을 가지고 있으면 뭐합니까? 그 값도 모르고, 그것이 어디에 있는지도, 무엇을 위해 어디에 써야 하는지도 모른다면 아무것도 없는 것과 같습니다. 그러므로 최선을 다해 돈을 벌고 모았다면 지혜롭게 쓸 줄도 알아야 합니다. 하나님께서는 우리를 소유자가 아니라 청지기로 삼으셨습니다. 하나님께서는 우리에게 잠시 동안 재물을 맡기셨으며 그 모든 것의 완전한 소유권은 여전히 하나님께 있고 하나님으로부터 분리될 수 없는 것입니다.

우리 자신이 우리 것이 아니라 하나님의 소유인 것 같이 재물은 특히 더 그렇습니다. 하나님의 뜻을 이루는 일을 위해 보물을 하늘에 쌓아야 합니다.(마 6:19~21) 그러므로 우리는 하나님의 것을 하나님의 것으로 구별하고, 쌓아두지 말고 선용해야 합니다. 하나님께서는 감춰두라고 우리에게 물질을 주신 것이 아닙니다.

만일 이렇게 한 후에 여분이 남아 있으면 '믿음의 식구들을 위해 선용하십시오.' 만일 그래도 여분이 남아 있으면 '기회가 있는 대로 모든 사람들에게 선용하십시오.' −존 웨슬리 지음, "돈의 사용," 한국웨

If when this is done there be an overplus left, then 'do good to them that are of the household of faith.' If there be an overplus still, 'as you have opportunity, do good unto all men.' -Albert C. Outler, 「The works of John Wesley-vol. 2」, Abingdon Press, 1986, p.277.

슬리학회 편, 『웨슬리 설교전집 3』(서울:대한기독교서회, 2006), p.296.

선교를 위해, 구제를 위해, 하나님의 뜻을 전하는 일을 위해, 교회가 교회 되게 하는 일에, 빛 되고 소금 된 사명을 감당하기 위해 손을 펼치십시오. 지갑을 열어야 합니다. 그것은 구원 받은 사람의 당연한 도리입니다. "우리는 그가 만드신 바라 그리스도 예수 안에서 선한 일을 위하여 지으심을 받은 자니 이 일은 하나님이 전에 예비하사 우리로 그 가운데서 행하게 하려 하심이니라."(엡 2:10) 그렇게 함으로써 우리는 하나님의 것을 진정 하나님께 바치게 되는 것입니다.

작년에 우리 교회에 원로목사님들이 다녀가셨습니다. 교회에서는 음식만 준비했고, 제가 예배시간에 "한 분이 5만 원씩만 원로목사님들 여비를 해 드렸으면 좋겠습니다. 그리고 봉투에 기둥교회 〇〇〇집사/권사라고 이름을 표기하십시오."라고 전했습니다. 많은 분들이 동참해 주셨습니다. 참으로 감사했습니다. 그런데 얼마 전에 그때 다녀가셨던 원로목사님 한 분을 만났습니다. "고 목사, 이리 좀 와봐." 하시며 주머니에서 봉투를 꺼내 보여주시는데 작년에 드렸던 그 봉투였습니다. 이름이 적혀 있는 그 봉투를 그냥 버릴 수가 없어서 생각 날 때마다 봉투에 적혀 있는 이름을 보고 기도하신다는 것입니다. 많은 교회를 다니며 아무것도 적혀 있지 않은 봉투에 돈을 담아 주는 것은 봤어도 기둥교회처럼 〇〇〇집사/권사라고 이름을 적어 주는 봉투는 처음 보셨다는 것입니다. 그래서 제가 "감사합니다. 또 모시겠습니다."라고

인사했습니다. 기회가 주어졌을 때 할 수 있는 마음과 능력이 있
는 것은 하나님께서 허락하신 복입니다.

하나님 마음에 합하게 쓰라

1923년 시카고 에드워드 비취호텔에 미국의 부자 7명이 모였
습니다. 그 모임에 모인 사람들의 재산만 해도 당시 미국 중앙정
부의 국고보다 더 많았습니다. 사람들은 그 모임의 이름을 마이
더스의 모임이라고 불렀습니다. 무엇이든지 손만 대면 금으로 바
뀌었다는 전설의 왕 마이더스(Midas)의 이름을 딴 것입니다.

25년이 지난 후에, 한 언론에서 25년 전 마이더스 모임에 속했
던 사람들이 어떻게 되었는지를 알아보았습니다. 미국의 제일 큰
강철회사 사장이던 '찰스 샤브'는 거지가 되어 죽었습니다. 농산
물 곡물 수집업을 해서 거부가 된 '아더 퀴터'는 재산을 다 날리
고 어렵게 살다 숨을 거두었습니다. 뉴욕 은행의 총재였던 '리처
드 위트니'는 중한 죄를 짓고 감옥에 있었습니다. 재무부장관을
지냈던 '엘버트 홀'은 사기죄로 감옥에 들어갔다가 풀려 나와 몸
이 쇠약해진 상태에서 죽음을 기다리고 있었습니다. 국제은행 총
재였던 '네언 훼저'와 월스트리트에서 가장 큰 회사를 운영하던
'제시 리버모우'는 자살로 삶을 마감한 후였습니다. 미국 부동산
의 대표적인 거부였던 '이반 쿠버'는 자살을 시도하다 미수로 그
쳐 치료를 받고 있었는데 그를 돌보아 줄 사람이 아무도 없었습

니다. (홍정길, 『홍정길 목사의 301가지 감동 스토리』(서울: 프리셉트, 2003), pp.88~89)

우리는 잠시 풍족함을 부러워하여 죄와 타협하면서까지 돈을 모으려 하지 말아야 합니다. 잠시 풍족함에 교만하지도 말아야 합니다. 잠언에는 "네가 어찌 허무한 것에 주목하겠느냐 정녕히 재물은 스스로 날개를 내어 하늘을 나는 독수리처럼 날아가리 라"(잠 23:5)고 했습니다. 하늘을 나는 독수리처럼 허무하게 날아 가기도 하는 것이 돈입니다. 그렇기 때문에 웨슬리 목사님이 가 르쳤던 것처럼 최선을 다해 땀 흘려 벌어야 합니다. 영혼과 육체 를 해치지 않고 이웃을 해치지 않는 한 될 수 있는 대로 많이 벌 기 위해 노력해야 합니다. 가능한 한 아껴 저축하며 살아야 합니 다. 단지 욕심을 채우기 위해 사용하는 물질을 줄여 낭비하지 말 아야 합니다. 그리고 하나님의 마음에 합하게 써야 합니다. 손에 움켜쥐지 말고 펼쳐야 합니다. 꼭 필요한 곳에 사용되어 예수 그 리스도의 이름이 전해지도록 열심히 드리고 나누고 베풀 수 있어 야 합니다.

세상에서 우리가 소유하고 누리는 모든 것은 내 것이 아니라 하나님 것입니다. 하나님은 우리가 부자로 '잘 살 것'을 원하십 니다. 그러나 단순히 돈만 많은 사람으로 살기를 원하시지는 않 습니다. 하나님께서 우리에게 허락하신 것이 많든 적든 하나님께 드리고, 이웃에게 베풀고, 자신도 윤택하게 사는, 돈을 올바르게 사용하는 주인공이 되기를 원하십니다. 일터에서 최선을 다해 많 이 버십시오. 절약하여 아껴 모으십시오. 그리고 하나님께 풍성

히 드리고 이웃에게 넉넉히 나누며 자신도 윤택하게 사는 복된
삶의 주인공이 되시기를 바랍니다.

전능하신 하나님!
하나님의 은혜와 사랑을 감사합니다.
우리가 이 땅에 살면서 물질을 외면하고 살 수는 없습니다.
물질이 많아야 하나님께도 풍성히 드리고
이웃에게 넉넉히 베풀며 윤택하게 살 수 있습니다.
우리의 일터를 기억하여 주옵소서.
축복하여 주시옵소서.
아버지 하나님의 뜻을 이루며 살기에
부족함이 없는 은총을 허락하여 주시옵소서.
그렇다고 하여 물질 때문에 죄와 타협하지 않게 하여 주옵소서.
일용할 양식 때문에 눈물 흘리며 사는 일이 없도록
가정과 일터를 붙들어 주옵소서.
예수님의 이름으로 기도하옵나이다.
아멘.

『존 웨슬리』 설교 시리즈 **3**

일어나라
Awake, Thou That Sleepest

*Awake, thou everlasting spirit, out of thy
dream of worldly happiness! (Did not God
create thee for himself? Then thou canst not rest
till thou restest in him.) Return, thou wanderer.
Fly back to thy ark. 'This is not thy home.'
Think not of building tabernacles here. Thou art
but 'a stranger, a sojourner upon earth': a
creature of a day, but just launching out into an
unchangeable state. Make haste: eternity is at
hand. Eternity depends on this moment. An
eternity of happiness, or an eternity of misery!*

그러므로 이르시기를 잠자는 자여 깨어서 죽은 자들 가운데서 일어나라

그리스도께서 너에게 비추이시리라 하셨느니라

에베소서 5장 14절

현재 지구에 사는 전체 인구의 약 30%가 불면증으로 힘들어 한다고 합니다. 스트레스와 비만 등 여러 가지 이유로 수면 장애 환자가 5년 새 2배나 늘었다고 합니다. 옛말에 '잠이 보약'이라고 했고, 아침인사로 '안녕히 주무셨어요?' 하던 옛사람들은 잠의 중요성을 잘 알고 있었던 것 같습니다. 의사들이 진료할 때 묻는 질문 중 하나도 잠을 잘 자느냐는 것입니다. 잠을 잘 못 잔다는 것은 신체적으로나 정신적으로 건강에 이상이 있다는 신호이기 때문입니다. 그러나 수면시간이 너무 많아도 문제입니다. 지나치게 많이 자면 무기력해지고 늘어지게 됩니다. 수면과다는 불면증과 함께 우울증의 대표적인 징후이기도 하답니다.

영적으로 잠자는 자

시편에 보면 "여호와께서 그의 사랑하시는 자에게는 잠을 주시

는도다"(시 127:2)라고 했습니다. 잠언에는 "네가 누울 때에 두려
워하지 아니하겠고 네가 누운즉 네 잠이 달리로다"(잠 3:24)라고
했습니다. 이는 하나님을 의지하며 믿음으로 사는 사람은 하나님
께 모든 것을 맡기기 때문에 편안한 잠을 잘 수 있다는 것입니
다. 그러나 잠을 많이 자는 것은 게으른 자의 모습이기도 합니
다. 잠언에는 "게으른 자여 네가 어느 때까지 누워 있겠느냐 네
가 어느 때에 잠이 깨어 일어나겠느냐 좀더 자자, 좀더 졸자, 손
을 모으고 좀더 누워 있자 하면 네 빈궁이 강도 같이 오며 네 곤
핍이 군사 같이 이르리라"(잠 6:9~11), "게으름이 사람으로 깊이 잠
들게 하나니 태만한 사람은 주릴 것이니라"(잠 19:15)고 했습니다.
또한 잠을 많이 자는 것은 영적으로 잠든 상태를 말하기도 합니
다. 웨슬리 목사님은 "잠자는 자여 일어나라"는 설교에서 영적으
로 잠든 상태를 이렇게 표현했습니다.

잠잔다는 말은 인간의 본성적 상태를
의미합니다. 그것은 영혼이 깊이 잠든 것
이요, 게으름과 어리석음이요, 영혼이 자
신의 진실한 모습에 대하여 무감각한 것
인데… 하나님의 음성이 그를 깨우기까
지 그런 상태에 있는 것입니다. -존 웨슬리
지음, "잠자는 자여 일어나라," 한국웨슬리학회 편,
『웨슬리 설교전집 1』(서울:대한기독교서회, 2006), p.48.

By sleep is signified the natural state of
man: that deep sleep of the soul into
which the sin of Adam hath cast all who
spring from his loins; that supineness,
indolence, and stupidity, that insensibility
of his real condition, wherein every man
comes into the world, and continues till
the voice of God awakes him. -Albert C.
Outler, 「The Works of John Wesley-
vol.1」, Abingdon Press, 1984, p.142.

영적으로 잠들었다는 것은 구원을 받은 빛의 아들이 되지 못하고 밤이나 어둠에 속한 상태를 말합니다.(살전 5:5) 영적으로 잠자는 사람은 자신이 타락한 것을 알지 못합니다. 그는 비참한 족쇄에 결박되어 있는데도 자신이 행복하고 자유롭다고 꿈을 꿉니다. 사탄이 그의 영혼을 완전히 소유하고 있는데도 '평안하다, 평안하다'(렘 6:14)라고 말합니다. 한 번 떨어지면 다시 나올 수 없는 지옥이 그를 삼키려고 입을 벌리고 있음에도 여전히 잠자고 있습니다. 하나님의 형상을 잃어버린 채 타락에 머물러 있지만 자신의 생활에 만족합니다. "다가오는 징벌을 피하라"(마 3:7)는 하나님의 경고를 결코 마음에 두지 않습니다. 영혼의 내면에서 진지하게 '내가 어떻게 해야 구원을 얻겠습니까'(행 16:30)라고 부르짖는 일이 결코 없습니다. '좋은 것과 나쁜 것을 분별할 세련된 지각'(히 5:14)을 가지지 못했고, '눈이 있어도 보지 못하고 귀가 있어도 듣지'(막 8:18) 못합니다. '하나님을 전혀 본 일이 없으며', 또 '하나님의 음성을 들은' 일도 없습니다. '생명의 말씀을 손으로 만진'(요일 1:1) 체험도 한 적이 없습니다.

이처럼 잠자는 자는 영적 감각이나 지식에 반응이 없습니다. 흡사 '식물인간 상태'에 빠진 것과 같습니다. 식물인간이란 의식 불명인 채 장기간 혼수상태에 빠져 있는 환자를 말합니다. 식물인간 상태와 뇌사 상태는 차이가 있습니다. 뇌사상태는 뇌 전체가 손상된 것으로 호흡, 소화, 순환, 혈압 조절이 불가능합니다. 인공호흡기나 약물로 심장이 뛰고 숨을 쉬게만 할 뿐 결국에는 심장이 정지하여 사망에 이르게 됩니다. 뇌사는 의학적으로 다시 깨어날 가능성이 없습니다. 그러나 식물인간 상태는 대뇌부위가 손상되어 발생한 무의식 상태입니다. 호흡뿐 아니라 소화나 순환, 혈압도 조절 가능합니다. 걸어서 옮겨 다닐 수는 없지만 손발을 움직이기도 합니다. 그 상태를 유지하다가 나중에 사망하기도 하지만 수개월 혹은 수년 후에 생존하기도 합니다.

복음을 들을 수 있는 자리로

디모데전서 2장 4절에 "하나님은 모든 사람이 구원을 받으며 진리를 아는 데에 이르기를 원하시느니라"고 했습니다. 이 말씀에 따르면 구원 받을 가능성이 없는 사람은 없습니다. 그러므로 누군가를 전도할 때 뇌사 상태처럼 아예 가능성이 없다는 생각을 버리고, 식물인간 상태처럼 언젠가 깨어날 수 있다는 희망을 가져야 합니다. 그래서 포기하지 않고 끝까지 계속해서 전도하는 것입니다. 혹시 여러분 가족 중에, 친구 중에, 아는 분 중에 예수 믿지 않는 분이 있습니까? 수년째 기도해도 응답이 없어 이제 포기하려고 하십니까? 포기하면 안 됩니다. 언젠가 하나님의 때가 있음을 믿고 포기하지 마시기 바랍니다. 그때가 언제인지 우리는 알 수 없으므로 계속해서 복음을 전해야 합니다.

세상 사람들이 예수 믿는 사람들을 많이 비난합니다. 잘 하는 일은 별로 얘기하지 않고 칭찬거리는 언론에 보도되지 않습니다. 그런데 부끄러운 일은 언론에 보도됩니다. 그래도 그들에게 다가 가서 하나님의 사랑을 보여주어야 합니다. 예수님이 제자들을 끝까지 사랑한 것처럼 우리도 그들을 끝까지 사랑하면 마음의 문이 열리게 되어 있습니다. 마음의 문이 열리면 그 열린 문으로 복음이 들어가고 생명을 살리게 되는 것입니다. 그러므로 결코 포기하지 말아야 합니다. 우리 주위에는 복음을 받아들일 가능성이 있는 사람들이 참 많습니다. "울며 씨를 뿌리러 나가는 자는 반드시 기쁨으로 그 곡식 단을 가지고 돌아오리로다"(시 126:6)라는 말씀을 기억하며 끝까지 사랑하고 섬기며 예수의 향기를 풍기는 이가 되어야 할 것입니다.

그럼에도 불구하고 전도 받는 사람이 하나님을 계속 거부하고 있다면 그는 영적인 식물인간이라 할 수 있습니다. 겉으로는 살아 있는 것처럼 보이지만 실제는 영원한 죽음 앞에 있는 것입니다. 식물인간은 깨어나지 못하면 결국 죽음에 이르게 됩니다. 마찬가지로 예수 믿기를 끝까지 거부하고 구원받지 못하면 결국 영원한 죽음, 멸망에 이를 수밖에 없습니다. 우리는 예수 믿어 구원받았고, 하나님 자녀 되었고, 천국 백성이 되었습니다. 그러나 아직도 예수 믿지 않고 영원한 생명을 얻지 못한 채 잠자고 있는 사람들이 주변에 많습니다. 그런 분들에게 어떻게 하든 복음을 들을 수 있는 기회를 주어야 합니다. 그런 분들이 교회에 오도록 해야 하고, 말씀을 듣도록 해야 합니다. 듣기 싫다 해도 찬송을 듣게 하고, 성경말씀을 듣게 해야 합니다. 믿음은 들음에서 나오기 때문입니다.(롬 10:17)

한국교회사에 관련된 책을 많이 쓰신 이덕주 교수의 『한국교회

처음 이야기』(홍성사, 2006)에는 복음이 우리나라에 들어온 후 신앙을 가진 사람들이 어떻게 변화되었는지가 자세히 기록되어 있습니다. 처음에 사람들은 '교회에 가면 먹을 것을 준다.' 는 말을 듣고 찾아왔습니다. 선교사들은 그들을 일컬어 '쌀교인' 이라고 불렀습니다. 그들은 현실의 문제를 해결하기 위해 교회에 나오다가 교회가 그 문제를 해결해 주지 못하면 미련 없이 교회를 떠났습니다. 게다가 선교사들에게 예배 참석에 대한 대가를 요구하는 장사꾼들도 있었습니다. 이들은 모두 영적으로 잠든 자들이었습니다. 또한 곗돈을 타기 위해 교회에 나오는 사람들도 있었습니다. 전도의 한 방법으로 선교사를 중심으로 계모임을 만들었는데 여기에 속한 사람들은 신앙보다 곗돈에만 관심이 있었습니다. 지금도 그렇지만 당시에도 교회에서 하는 계가 잘될 리가 없었습니다. 한 사람이 돈을 챙겨 도망간 것입니다. 선교사들은 계가 깨졌으니 사람들이 교회를 떠날 것으로 예상했습니다. 그런데 그 사람들이 다음 주일에도 어김없이 교회에 예배드리러 나왔습니다. 처음에는 뜯긴 돈을 달라고 하는 줄 알았지만, 그들은 '그동안 예배당에서 들은 말씀이 좋아서 왔다.' 고 말하는 것이었습니다. 주일마다 예배당에서 들은 말씀이 잠자는 그들의 영혼을 깨운 것입니다. 마침내 그들은 인천 내리교회의 초석이 되었습니다.

이처럼 예수를 믿지 않는 사람들을 향하여 예배의 자리, 말씀 듣는 자리로 나오게 해야 합니다. 우리 교회에도 축구선교회, 골프선교회 등이 있습니다. 처음에는 축구, 골프 하러 왔다가 세례

받고 집사, 권사 된 분들이 많습니다. 믿음은 들음에서 나기 때문에 복음을 듣게 해줘야 합니다. 들을 수 있는 자리로 오게 해야 합니다.

구원받은 자녀라 할지라도 깨어 있어야

고린도후서 4장 3절에 "만일 우리의 복음이 가리었으면 망하는 자들에게 가리어진 것이라" 한 말씀대로 이 세상에는 여전히 복음을 거부하는 사람들이 많습니다. 우리의 복음이 가려져 있다면, 그것은 멸망하는 자들에게 가려져 있는 것입니다. 그들은 마음이 어두워져서 '하나님의 형상이신 그리스도의 영광을 드러내는 복음의 빛을 보지 못합니다.'(고후 4:4/ 쉬운성경) 따라서 그들은 이미 영적으로 죽은 것이나 다름없습니다.

그렇다고 해서 구원받은 우리가 안심할 수는 없습니다. 우리라고 잠자는 자가 되지 말라는 법이 없습니다. 우리는 요한계시록에 나오는 사데 교회에 대한 경고의 말씀을 기억해야 합니다. "내가 네 행위를 아노니 네가 살았다 하는 이름은 가졌으나 죽은 자로다."(계 3:1) '사데'는 오래전부터 양털 염색과 보석산업이 발달된 부자 도시였습니다. 아마 교인들 대다수가 도시의 부를 사치스럽게 누리며 심각한 우상숭배에 빠져 있었던 것으로 생각됩니다. 그래서 이런 책망을 들었던 것입니다. 사데 교회 교인들은 겉으로 그리스도인이었지만 삶의 모습은 전혀 그렇지 않았습니다.(계 3:2) 그런 자들은 "경건의 모양은 있으나 경건의 능력은 부인"(딤후 3:5)하는 자들입니다. 웨슬리 목사님은 그런 사람들을 향해 이렇게 책망하셨습니다.

확실히 그는 아무에게도 악을 행하지 않습니다. 그는 "한 주간에 두 번씩 금식하고"(눅 18:12) 충실하게 교회에 나가 성례전에 참예합니다. "얻은 것의 십일조를 드립니다." 할 수 있는 모든 선을 행합니다. '율법의 의에 대해서는' 그는 "흠 없는 사람입니다."(빌 3:6) 그는…종교의 형식에서 아무 결함이 없으나 그 정신이 없으며…그 진리와 생명이 빠져 있습니다.

No, he doth no wrong to any man. He 'fasts twice in the week,' uses all the means of grace, is constant at church and sacrament; yea, and 'gives tithes of all that he has', does all the good that he can 'Touching the righteousness of the law,' he is 'blameless' : he wants nothing of godliness, but the power; nothing of religion, but the spirit; nothing of Christianity, but the truth and the life. - Albert C. Outler, 「The Works of John Wesley-vol.1」, Abingdon Press, 1984, p.144.

–존 웨슬리 지음, "잠자는 자여 일어나라," 한국웨슬리학회 편, 『웨슬리 설교전집 1』(서울:대한기독교서회, 2006), p.50.

예수님도 외식하는 서기관들과 바리새인들을 향해 "회칠한 무덤 같으니 겉으로는 아름답게 보이나 그 안에는 죽은 사람의 뼈와 모든 더러운 것이 가득하도다"(마 23:27)라고 했습니다. 문제는 겉이 아니라 속입니다. 우리 속에, 내 안에 그리스도의 영이 없으면 그리스도의 사람이 아닙니다.(롬 8:9)

그러므로 "잠자는 자여, 일어나라! 죽음에서 깨어나 일어나라! 그리스도께서 네게 빛을 비취실 것이다"(엡 5:14/ 쉬운성경)라는 말

존 웨슬리의 위대한 유산

씀을 들어야 합니다. 요나서에서도 "자는 자여 어찌함이냐 일어나서 네 하나님께 구하라 혹시 하나님이 우리를 생각하사 망하지 아니하게 하시리라"(욘 1:6)고 했습니다. 잠을 자는 사람은 '결코 빠져 나올 수 없는 영원한 죽음' 이라는 판결을 기다리는 죄인과 같습니다. 그러므로 우리는 영적으로 깨어나야 합니다. 일어나야 합니다. 방황을 멈추고 하나님이 마련하신 구원의 방주에 올라타야 하고 한번 올라탄 구원의 방주에서 내리지 말아야 합니다. 영원한 행복이냐 아니면 영원한 불행이냐 하는 것은 바로 지금 결정됩니다.

Awake, thou everlasting spirit, out of thy dream of worldly happiness. Did not God create thee for himself? Then thou canst not rest till thou restest in him. Return, thou wanderer. Fly back to thy ark. 'This is not thy home.' Think not of building tabernacles here. Thou art but 'a stranger, a sojourner upon earth'; a creature of a day, but just launching out into an unchangeable state. Make haste; eternity is at hand. Eternity depends on this moment: an eternity of happiness, or an eternity of misery! -Albert C. Outler, 「The Works of John Wesley-vol.1」, Abingdon Press, 1984, p.148.

영원한 영(靈)인 당신들이여, 당신들의 세속적 행복의 꿈에서 깨어나십시오. … 방황하는 이들이여, 돌아오십시오. 그대들을 위한 방주 안으로 뛰어올라 오십시오. 여기는 당신들이 편안히 쉴 곳이 아닙니다. 여기에 거처를 세우려고 생각하지 마십시오. 당신은 땅 위에서는 나그네요, 하숙생에 불과합니다. 당신은 하나의 피조물이지만, 이제는 영원한 존재로 출발하게 됩니다. 서두르십시오. 영원(永遠)이 바로 눈앞에 있습니다. 영원은 지금 이 순간에 따라 결정됩니다. 영원한 행복이냐 아니면 영원한 불행이냐가 결정된다는 것입니다. −존 웨슬리 지음, "잠자는 자여 일어나라," 한국웨슬리학회 편, 『웨슬리 설교전집 1』(서울:대한기독교서회, 2006), p.50.

히브리서는 "하나님의 말씀을 너희에게 일러 주고 너희를 인도하던 자들을 생각하며 그들의 행실의 결말을 주의하여 보고 그들의 믿음을 본받으라"(히 13:7)고 했습니다. 믿음의 선조들로부터 신앙을 따르는 삶이 무엇인지, 천국을 어떻게 준비하며 살 것인지 보고 배우라는 말씀입니다. 하나님의 말씀을 잘 읽고 믿음의 선조들로부터 배워야 하지만, 하나님의 말씀이 무엇을 경고하고 있는지도 알아야 합니다. 성경은 지속적으로 종말과 심판에 대해 가르쳐 줍니다. "그러므로 깨어 있으라 어느 날에 너희 주가 임할는지 너희가 알지 못함이니라."(마 24:42) "이러므로 너희도 준비하고 있으라 생각하지 않은 때에 인자가 오리라."(마 24:44) "그런즉 깨어 있으라 너희는 그 날과 그 때를 알지 못하느니라."(마 25:13) "만물의 마지막이 가까이 왔으니 그러므로 너희는 정신을 차리고 근신하여 기도하라."(벧전 4:7)

마태복음 25장에 '열 처녀 비유'가 나옵니다. 열 명의 처녀가 등불을 들고 신랑을 맞으러 나갔습니다. 미련한 다섯 처녀는 등만 준비하고 기름은 준비하지 않았습니다. 그러나 지혜로운 다섯 처녀는 등과 기름까지 함께 준비했습니다. 결국 등과 기름을 모두 준비한 다섯 처녀만이 혼인 잔치에 들어갈 수 있었습니다. 잠에서 깨어 준비하는 자만이 천국에 들어갈 수 있습니다. 하나님의 부르심에 복종하고 하나님의 얼굴을 찾는 것은 복된 일입니다. 우리가 지금 깨어 있고 죽은 자 가운데서 일어나 있다면 하나님은 우리에게 빛을 주실 것입니다. 예수님이 참 빛(요 1:9)이 되셔서 우리에게 계시해 주시기 때문입니다.

This promise I come, lastly, to explain. And how encouraging a consideration is this, that whosoever thou art who obeyest his call, thou canst not seek his face in vain. If thou even now 'awakest, and arisest from the dead,' he hath bound himself to 'give thee light'. 'The Lord shall give thee grace and glory;' the light of his grace here, and the light of his glory when thou receivest the 'crown that fadeth not away'. 'Thy light shall break forth as the morning', and thy darkness be as the noonday. … 'Arise, shine; for thy light is come, and the glory of the Lord is risen upon thee.' For Christ shall reveal himself in thee. And he is 'the true Light.' -Albert C. Outler, 『The Works of John Wesley-vol.1』, Abingdon Press, 1984, p.152.

나는 끝으로 이 약속에 대하여 설명하겠습니다. 누구든지 하나님의 부르심에 복종하고 하나님의 얼굴을 헛되이 찾지 않는다면 이 얼마나 복된 일입니까? 만일 당신이 지금 "깨어 있고 죽은 자 가운데서 일어나 있다면 하나님은 당신에게 빛을 주실" 것입니다. "주님께서는 은혜와 영화를 주십니다."(시 84:11) 이 땅 위에서는 그 은혜의 빛을, 그리고 당신이 사라져 가지 않는 면류관을 받을 때에는 영광의 빛을 주시는 것입니다. "네 빛이 흑암 중에서 발하며 네 어두움이 낮과 같이 될 것"(사 58:10)입니다. …그리고 그 날에는 "일어나라 빛을 발하라 이는 네 빛이 이르렀고 주의 영광이 네 위에 임하였기 때문이니라"(사 60:1)고 한 말씀이 당신에게 말해질 것입니다. 왜냐하면 그리스도께서는 자신을 당신 안에 계시해 주시기 때문이며 그리스도야말로 "참 빛"(요 1:9)이시기 때문입니다. -존 웨슬리 지음, "잠자는 자여 일어나라," 한국웨슬리학회 편, 『웨슬리 설교전집 1』(서울:대한기독교서회, 2006), pp.59~60.

생명의 불침번

하나님은 우리에게 회개할 시간을 주셨습니다. 요한계시록 2장 4~5절에 "너를 책망할 것이 있나니 너의 처음 사랑을 버렸느니라 그러므로 어디서 떨어졌는지를 생각하고 회개하여 처음 행위를 가지라 만일 그리하지 아니하고 회개하지 아니하면 내가 네게 가서 네 촛대를 그 자리에서 옮기리라"고 했습니다.

여러분, 처음 예수 믿었을 때의 마음 그대로이십니까? 처음 집사 될 때 다짐했던 약속을 지키십니까? 처음 권사 될 때 마음에 결단했던 것을 그대로 실천하나요? 권사의 사명 가운데 '낙심자를 권면하는 것'이 있습니다. 따라서 권사는 낙심할 수 없습니다. 낙심한 사람을 권면해야 하는데 권사가 낙심해 있으면 어찌 권면할 수 있겠습니까? 저는 늘 기도할 때마다 "하나님, 목회의 기술자가 되지 않게 해주세요. 익숙하지 않게 해주세요."라고 기도합니다. 목회하다 보면 익숙해집니다. 어느 순간 기술자가 된 것 같은 느낌이 듭니다. 슬픔을 당한 이들을 위로하면서도 '너무 일상적이고 문학적인 표현만 하는 것은 아닌가? 정말 내 가슴에 함께 슬퍼하는 마음이 있는가?'라고 제 자신을 돌아봅니다. 그래서 익숙하지 않게, 기술자가 되지 않게 해 달라고 끊임없이 기도합니다. 하나님을 향한 첫사랑을 잃어버렸다면 바로 지금이 그 첫사랑을 회복해야 할 때입니다.

서양 연극 중에 〈단지 15분〉이란 작품이 있습니다. 어려서부터 총명했던 주인공은 뛰어난 성적으로 박사과정을 수료하고 논문

존 웨슬리의 위대한 유산

심사에서도 극찬을 받았습니다. 그러던 어느 날 가슴에 심한 통증을 느꼈고, 결국 15분밖에 남지 않은 시한부 인생이라는 선고를 받게 됩니다. 주인공은 이 모든 상황이 믿기지 않았습니다. 그렇게 5분이 지나갔습니다. 그때 병실로 한 통의 전보가 전해졌습니다. "억만장자였던 당신의 삼촌이 방금 돌아가셨습니다. 그의 재산을 상속할 사람은 당신뿐이니 속히 상속 절차를 밟아 주십시오." 그러나 죽음을 앞둔 그에게 재산은 아무 소용이 없었습니다. 그렇게 5분이 흘렀습니다. 그때 또 하나의 전보가 도착했습니다. "당신의 박사학위 논문이 올해의 최우수 논문상을 받게 되었습니다. 진심으로 축하합니다." 이 축하 전보도 그에게 아무런 위안이 되지 않았습니다. 절망에 빠진 그에게 또 하나의 전보가 들어왔습니다. 그토록 애타게 기다리던 연인으로부터 결혼을 승낙한다는 내용이었습니다. 하지만 그 전보도 그의 시계를 멈추게 할 수는 없었습니다. 결국 15분이 지나고 그는 숨을 거두게 됩니다. 인간의 삶이 15분만큼 짧다는 것을 말하는 작품입니다. 죽음 앞에서는 재산도, 명예도, 사랑도 모두 의미 없어집니다. 중요한 것은 죽음 이후의 삶에 대해서 어떻게 준비했느냐입니다. 영생을 얻었냐는 사실입니다. 예수 믿고 구원받아 잠에서 깨어난 사람이 바로 영생을 얻은 사람입니다.

아직도 예수 믿고 구원받았다는 믿음이 없이 의무감에 습관적으로 교회에 나오는 분이 계십니까? 이제라도 영혼의 잠에서 깨어나야 합니다. 인간의 인생은 15분 정도로, 길지 않기 때문입니다. 연세 드신 분들은 잠깐 동안에 세월이 이렇게 흘렀다고들 말씀합니다. 지금 여유 있는 것 같지만 머지않아 세월의 빠름을 느끼게 될 것입니다. 소중하고 가까운 분인데 그분에게 믿음이 없습니까? 그분을 영적인 잠에서 깨워야 합니다. 아무리 나와 좋은 관계로 지낸다 할지라도 하나님과 바른 관계를 맺지 못했다면 아무 소용이 없기 때문입니다.

군대에 가면 제일 어려운 점이 불침번을 서는 것입니다. 밤에 자다가 일어나서 보초를 섭니다. 실내에서 설 때는 그나마 괜찮은데 추운 겨울에 밖에 나가 보초를 서면 얼마나 추운지요. 해안에 나가 보초를 서는 해안방어를 할 때면 정말 춥습니다. 어떤 불침번은 1시간, 2시간 서고 교대되지만 어떤 근무는 4~5시간, 해질 때 나가서 해 뜬 다음에 들어오는 경우도 있습니다. 보초를 서려면 반드시 깨어 있어야 합니다. 정신을 차리고 잘 지켜야 합니다. 그리고 근무교대시간에 맞춰 잠자는 다른 사람을 깨워야 합니다. 그것이 불침번의 역할입니다.

하나님께서는 우리에게 '생명의 불침번'이 되라고 하셨습니다. 그러므로 우리는 영적으로 졸면 안 됩니다. 잠들면 안 됩니다. 우리는 잠자는 사람들, 다시 말해 아직도 하나님을 알지 못한 채 살아가는 사람들을 향해 하나님의 말씀을 전하여 깨워야 합니다. 그래야 그들이 살 수 있습니다. 물론 쉽지 않습니다. 피곤하고 고달픈 일입니다. 그러나 그것이 예수 믿고 천국 소망으로 사는 우리의 책임입니다. 하나님의 불침번으로서의 사명을 잘 감당하여 "착하고 충성된 종"(마 25:21)이라 칭찬 받는 우리 모두가 되어야 합니다.

우리 모두 일어나야 하는 사명, 일으켜야 하는 사명을 잘 감당하는, 하나님 마음에 합한 삶의 주인공이 되어야 하겠습니다.

전능하신 하나님!
하나님의 마음에 합한 삶을 살려고 결단했지만
순간순간 곁길로 갈 때가 많음을 고백합니다.
용서하여 주시옵소서.
영적으로 잠든 자들을 깨울 만큼
내가 영적으로 바르게 깨어 있게 하옵소서.
일상적으로 듣던 말
전에 듣던 말
들어야 했던 말
당연한 말 같지만
이것이 삶에서 실천해야 할 중요한 말씀임을 깨닫고
그 말씀을 실천하여 열매 맺는 주인공이 다 되게 하여 주옵소서.
예수님의 이름으로 기도하옵나이다.
아멘.

『존 웨슬리』 설교 시리즈 **4**

하나님께로부터 난 자 著

The Great Privilege of
Those that are Born of God

But if we do not then love him who first loved us: if we will not hearken to his voice: if we turn our eye away from him, and will not attend to the light which he pours upon us: his Spirit will not always strive: He will gradually withdraw, and leave us to the darkness of our own hearts

하나님께로부터 난 자마다 죄를 짓지 아니하나니 이는 하나님의 씨가
그의 속에 거함이요 그도 범죄하지 못하는 것은 하나님께로부터 났음이라

요한일서 3장 9절

마태복음 1장은 예수님의 족보로 시작합니다. 고대 유대인 사회는 가부장적 문화에 기초한 남성 중심의 사회였기 때문에 아브라함에서부터 예수님에 이르기까지 42대에 걸친 족보에는 대부분 남성의 이름이 기록되어 있습니다. 그런데 예수님의 족보에 다섯 명의 여성이 등장합니다. '다말'과 '라합', '룻', '우리아의 아내', 그리고 예수님의 어머니 '마리아'입니다. 그런데 구체적으로 이름이 기록된 다른 여성들과 달리 한 사람의 이름은 감춰져 있습니다. '우리아의 아내'라고 기록된 '밧세바'입니다. 구약성경에 보면 밧세바는 다윗 왕의 아내였으며 솔로몬 왕의 어머니였습니다. 그녀는 원래 다윗의 신하 우리아의 아내였습니다. 사무엘하 11장에 보면 전쟁 중에 왕궁에 남아 있던 다윗이 옥상을 거닐다가 목욕하던 밧세바를 보고 반해 동침하기에 이르렀습니다. 그로 인해 밧세바는 아이를 갖게 되었고 다윗은 그 사실을 감추려고 밧세바의 남편이자 충실한 신하인 우리아를 죽게 했습니다. (삼하 11:1~21)

　이스라엘 사람들에게 다윗은 민족의 영웅이었습니다. 마태는

하나님께로부터 난 자

민족의 영웅 다윗의 수치를 떠올리게 하는 '밧세바' 란 이름을 밝히기 곤란했는지 '우리아의 아내' 라고만 기록했습니다. 이스라엘 사람들이 가장 사랑하며 자랑스럽게 여기는 다윗, 하나님께서도 "내 마음에 맞는 사람이라."(행 13:22)고 하셨던 다윗이 육신의 욕망을 참지 못하고 죄를 지었습니다. 소년 시절 믿음으로 전쟁에 나가 골리앗을 이겼고, 청년의 때에는 사울에게 쫓기면서도 끝까지 하나님을 의지하던 다윗이었지만 가장 평안할 때, 가장 부유할 때 사람들에게 "비방할 거리"를 주고 말았습니다.(삼하 12:14)

요한1서 3장 9절에서는 이렇게 가르칩니다. "하나님께로부터 난 자마다 죄를 짓지 아니하나니." 그러나 현실은 어떻습니까? 하나님 마음에 들던 다윗도 죄를 지었습니다. 우리도 예외일 수 없습니다. 성경은 하나님께로부터 난 자마다 죄를 짓지 않는다고 (요일 3:9) 했지만 현실을 보면 꼭 그런 것 같지는 않습니다. 악한 자가 그를 만지지도 못한다고(요일 5:18) 했지만 하나님의 자녀 된 우리도 악한 자의 꼬임에 넘어갈 때가 많습니다.

그렇다면 성경의 가르침이 잘못된 것일까요? 웨슬리 목사님은 이 말씀을 이해하기 위해서는 두 가지를 살펴보아야 한다고 했습니다. 첫째는 '하나님께로부터 난다는 것이 무엇인가?' 하는 것이고, 둘째는 '죄를 범하지 않는다는 것이 어떤 의미인가?' 하는 것입니다.

거듭난 사람과 거듭나기 전의 사람

어느 날 밤, 바리새인이자 유대인의 지도자인 니고데모가 예수님을 찾아왔을 때 예수님이 말씀하셨습니다. "사람이 거듭나지 아니하면 하나님의 나라를 볼 수 없느니라."(요 3:3) 누구든지 다시 태어나지 않으면, 하나님의 나라를 볼 수 없다는 말입니다.(쉬운성경) 유진 피터슨이 현대인의 언어로 새롭게 번역한『메시지』(The Message) 성경에는 "누구든지 위로부터 나지 않으면(born from above) 하나님의 나라를 볼 수가 없다."고 했습니다. 거듭난다는 것은 위로부터 나는 것, 하나님께로부터 난다는 것입니다. 그러나 거듭난다는 말의 의미를 알지 못했던 니고데모는 의아해하며 예수님께 물었습니다. "사람이 늙으면 어떻게 날 수 있사옵나이까 두 번째 모태에 들어갔다가 날 수 있사옵나이까."(요 3:4) 궁금해하는 니고데모에게 예수님이 말씀하셨습니다. "사람이 물과 성령으로 나지 아니하면 하나님의 나라에 들어갈 수 없느니라."(요 3:5)

예수님의 말씀처럼 물과 성령으로 나기 위해 우리는 '세례'라는 예식에 참여합니다. 하나님의 자녀라면 예수님을 구세주로 영접하고 자기의 신앙을 고백하며 물과 성령으로 세례를 받아야 마땅합니다. 하지만 거듭난다는 것이 단지 세례 받는 것만을 말하지는 않습니다. 또 "할례나 무할례가 아무 것도 아니로되 오직 새로 지으심을 받는 것만이 중요하니라"(갈 6:15)는 갈라디아서 말씀처럼 거듭남은 할례와 같은 어떤 외적 변화를 의미하지도 않습

하나님께로부터 난 자

니다. 할례를 받느냐, 받지 않느냐 하는 것이 중요한 게 아닙니다. 중요한 것은 하나님의 새로운 백성이 되는 것입니다.

웨슬리 목사님은 거듭난 사람에 대해 설명하면서 어머니의 태중에 있는 아이의 예를 들었습니다. 자연적인 탄생과 영적인 탄생 사이에는 비슷한 점이 있기 때문입니다.

어떤 사람에게 다른 사람의 장기가 이식되면 그 사람은 다른 사람의 장기를 거부하는 신체반응을 방지하기 위해 약을 복용해야만 합니다. 그 사람의 면역체계가 이식된 장기를 '내 것이 아니다.'라고 인식하기 때문입니다. 만약 장기 이식 후 약을 먹지 않으면 낯선 침입자가 몸에 들어왔다고 인식해서 그것을 파괴하려고 합니다. 그런데 유독 엄마 몸에는 태아가 생겨도 자신의 몸에 다른 존재가 생겼다고 인식하지 않습니다. 아빠에게서 절반의 유전 정보를 받은 태아는 유전적으로 엄마와 동일하지 않은데도 말입니다. 우리가 자세히 알 수 없지만 너무나 체계적이고 놀라운 일들이 엄마 몸속에 있는 태아에게 일어나듯이 거듭나기 전의 그리스도인도 체계적이고 놀라운 하나님의 계획 안에서 살고 하나님 안에서 움직이고 있습니다.

어머니의 뱃속에 있는 아기는 현실 세계에 대해 아무것도 알지 못합니다. 그 이유는 아직 보고, 듣고, 말하고, 만지는 감각이 발달하지 않았기 때문입니다.

아직 태어나지 않은 아기가 눈에 보이는 세계에 대해서 전혀 문외한이라는 사실의 이유는 눈에 보이는 세계가 멀리 있기 때문

The reason why he that is not yet born is wholly a stranger to the visible world is not because it is afar off - it is very nigh; it surrounds him on every side - but partly because he has not those senses(they are not yet opened in his soul) whereby alone it is possible to hold commerce with the material world; -Albert C. Outler, 「The works of John Wesley-vol.1」, Abingdon Press, 1986, p.433.

은 아닙니다. 그 이유는, 첫째, 그 아이가 그러한 감각들을 가지고 있지 않기 때문입니다. 그러한 감각들이 아직 그 영혼 안에 열려 있지 않기 때문입니다. 그러한 감각에 의해서만 물질적 세계와 교섭을 가지는 일이 가능한 것입니다. -존 웨슬리 지음, "하나님께로부터 난 자," 한국웨슬리학회 편, 『웨슬리 설교전집 2』(서울:대한기독교서회, 2006), p.36.

그러나 아기가 세상에 태어나면 달라집니다. 눈은 빛을 감지하고 귀는 다양한 소리를 듣습니다. 코는 숨을 쉬며 공기를 느끼고, 손과 발로는 아무것이나 만지고 움직입니다. 입으로는 맛을 봅니다. 세상에 태어난 아이는 그렇게 세상이라는 곳이 존재함을 깨달아 갑니다.

부모는 아이가 태어나면 첫 1년 동안 언제쯤 걷게 될까 기대하며 걸음마를 가르칩니다. 그러나 정작 아이가 걷게 되면 다음 10년 동안 부모는 아이에게 이렇게 소리칩니다. "제발 좀 가만히 있어!" 아이가 자라는 첫 2년 동안 부모는 끊임없이 말을 걸고 말을 가르칩니다. 그러나 말을 하게 되면 다음 20년 동안 소리칩니다. "제발 좀 조용히 해!" 그만큼 아이들은 세상에 태어나면 때로는 부모가 감당하기 벅찰 만큼 빠르게 잘 적응합니다. 거듭나기 전 우리는 어머니 뱃속에 있는 아이와 같습니다. 미숙한 아이들과 같습니다. 영적인 감각이 발달하지 않아 하나님을 볼 수 없고 하나님의 음성을 들을 수 없습니다. 말씀을 들어도 깨닫지 못합니다. 하나님을 느낄 수도 없습니다.

그러나 하나님께로부터 나서 하나님의 자녀가 된 사람은 육의 눈으로 보이지 않는 하나님을 보는 사람이 됩니다.(히 11:27) 인간의 머리로 이해되지 않는 하나님의 약속을 믿는 사람이 됩니다.(벤후 1:4) 하나님의 영광을 아는 빛이 마음에 비치는 사람이 됩니다.(고후 4:6) 그래서 하나님께로부터 난 자(者)가 되면 하늘 세계를 꿈꾸고, 하늘나라를 말하며, 하나님의 음성을 듣고, 하나님과 동행하는 사람이 됩니다.

"그의 이해력의 눈"이 이제 "열려서" 그는 "보이지 않는 그 분을 보는"(히 11:27) 것입니다. 그는 믿는 자들을 향하신 "하나님의 능력"과 그 사랑의 "대단한 위대함"이 무엇인가를 봅니다. 그는 하나님이 죄인인 자기에 대하여 자비로우시며, 자신이 하나님의 사랑하시는 그 독생자로 인하여 화해되었음을 봅니다. 그는 하나님의 용서하시는 사랑과 하나님의 모든 "가장 귀하고 큰 약속들"(벤후 1:4)을 분명히 감지합니다. "'어두움 속에서 빛이 비쳐 나오라'고 말씀하신 하나님께서 그리스도의 얼굴에 나타난 하나님의 영광을 아는 지식"으로써 그를

'The eyes of his understanding' are now open, and he 'seeth Him that is invisible.' He sees what is 'the exceeding greatness of his power' and of his love toward them that believe. He sees that God is merciful to him a sinner; that he is reconciled through the Son of his love. He clearly perceives both the pardoning love of God, and all his 'exceeding great and precious promises.' 'God, who commanded the light to shine out of the darkness, hath shined,' and doth shine, 'in his heart,' to enlighten him with 'the knowledge of the glory of God in the face of Jesus Christ.' All the darkness is now passed away, and he abides in the light of God's countenance. -Albert C. Outler, 「The works of John Wesley-vol. 1」, Abingdon Press, 1986, p.435.

존 웨슬리의 위대한 유신

밝히시기 위하여 "그의 마음속을 비추어 주셨습니다."(고후 4:6) 또 현재 비추어 주고 계십니다. 이제 모든 어두움은 지나갔고, 그는 하나님의 얼굴의 빛 속에 거하고 있는 것입니다. -존 웨슬리 지음, "하나님께로부터 난 자," 한국웨슬리학회 편,『웨슬리 설교전집 2』(서울:대한 기독교서회, 2006), p.39.

하나님께 난 사람은 영혼과 삶이 변화된 사람

독일 철학자 칼 야스퍼스(Karl Jaspers, 1883~1969)는 정상적인 인간이라면 네 가지 감각을 가져야 한다고 했습니다. 첫째는, 소속감입니다. 내가 누구에게, 어디에 소속되어야 행복할 수 있는가를 본능처럼 알고 살아야 합니다. 둘째는, 한계성을 깨달아야 합니다. 자신의 한계를 아는 사람은 겸손하게 그 한계 너머에 계신 하나님을 바라볼 수 있고 하나님을 의지할 수 있습니다. 그런데 교만한 사람은 잘난 척하고, 힘을 자랑하고, 아는 것을 자랑합니다. 자신의 부족함을 아는 사람이 전능하신 하나님을 의지하는 것입니다. 셋째는, 유일성입니다. 자신이 하나님의 독특한 피조물임을 아는 사람은 스스로를 존중하며 살게 됩니다. 이 세상에 하나님께서 나를 존재하게 하신 것 그 자체를 감사하고 이 세상에 나밖에 없다는 것을 깨닫는다면 생각이 달라집니다. 우리는 천하보다 귀한 존재입니다. 하나님은 여러분을 천하보다 귀하게 여기십니다. 넷째는, 정체성입니다. 나는 누구이며 어디서 와서 어디로 가는지에 대해 올바른 가치관으로 답할 수 있는 사람이 값진 삶을 살 수 있습니다. 길어야 70~80년, 오래 살아야 100여 년 사는 인생이 죽으면 끝입니까? 아닙니다. 우리는 예수 믿음으로 멸망치 않고 영원히 사는 하늘 백성입니다. 예수를 믿음으로 구원 받은 하나님의 자녀입니다. 천국시민권자입니다. 우리는 자신이 누구인지에 대해 알아야 합니다. 자신의 정체를 분명히 알아야 합니다.(서순석, 『희망 업그레이드』 (서울 : 엘맨, 2000), pp.218~219)

태중에 있는 아기가 현실 세계를 알지 못하는 또 하나의 이유는 어머니의 뱃속이라는 갇힌 공간 안에 있기 때문입니다.

태중의 아이와 바깥 세계 사이에 먼 간격이 있는 것이 아닙니다. 오히려 아이는 어머니의 몸 안에 있으면서 세상 곳곳을 다닙니다. 다만 어머니의 몸속이라는 제약된 공간 탓에 바깥세상과 차단되어 있을 뿐입니다. 태아가 태중에서 움직이고 자라는 것처럼 거듭나기 전의 그리스도인일지라도 그 사람은 하나님 안에서 살고 하나님 안에서 움직입니다. 그들도 하나님의 은혜로 살고 있습니다.(행 17:28) 그러나 거듭남을 경험하지 못한 사람들은 아직 동행하시는 하나님을 느끼지(sensible) 못할 뿐입니다.

하나님에게서 난 사람의 경우도 마찬가지입니다. 저 위대한 변화가 수행되기 이전에는 그는 하나님으로 인하여 살고 있는 것이지만 -왜냐하면 생명이 있는 것은 다 하나님 안에서 "살고 움직이며

So it is with him that is born of God. Before that great change is wrought, although he subsists by him in whom all that have life 'live, and move, and have their being', yet he is not sensible of God.
-Albert C. Outler, 「The works of John Wesley-vol.1」, Abingdon Press, 1986, pp.433~434.

존재하기 때문입니다."(행 17:28)–하나님을 감지할 수 없습니다. –

존 웨슬리 지음, 마경일 역, 『잠자는 자여 일어나라–존 웨슬리 표준설교집 1』(서울: 기독교대한감리회 출판국 kmc, 1999), p.259.

하나님은 아브라함과 이삭과 야곱에게 약속하셨던 것처럼(창 26:3, 31:3) 항상 우리와도 함께 계십니다. 그러나 우리는 성령으로 거듭나야 동행하시는 하나님을 체험할 수 있고 간증할 수 있습니다.

아이가 생기면 부모는 기쁨에 겨워 아이에게 필요한 것들을 미리 준비합니다. 아직 아이는 태어나지도 않았는데 아이가 먹을 것, 입을 것 등 살림살이를 장만합니다. 거듭나지 않은 사람도 마찬가지입니다. 아직 하나님을 모른다고 해서 하나님과 상관없는 사람이 아닙니다. 태어나지 않은 아이를 위해 부모가 모든 것을 갖추어 놓듯 하나님은 언젠가 하나님의 자녀가 될 영혼을 위해 모든 것을 준비하고 계십니다.

예수 믿어 구원받은 확신을 가지고 하나님의 나라를 소망하며 사는 거듭난 사람, 하나님께로부터 난 하나님의 자녀는 성령의 역사로 영혼이 변화된, 변화되는 사람입니다. 말하고 생각하며 행동하는 삶의 양식·존재 양식 전체의 변화를 경험한 사람입니다.

거듭났어도 죄를 짓지 않으려면

이렇게 영혼과 삶이 변화된 사람이 '하나님께로부터 난 자' 라면, '죄를 짓지 않는다.'는 것은 어떤 의미이겠습니까? 웨슬리 목사님은 요한1서 5장 19절 말씀에 근거하여 이렇게 설명합니다.

"하나님에게서 난 자가 그 자신을 지키는 한, 악한 자가 그를 다치게 하지 못합니다."(존 웨슬리 지음, "하나님께로부터 난 자," 한국웨슬리학회 편, 『웨슬리 설교전집 2』(서울:대한기독교서회, 2006), p.43.)

물과 성령으로 세례를 받고 구원의 확신이 있는 사람일지라도 자기 자신을 지키고 믿음 안에 거하지 않는다면 죄의 유혹에 빠질 수밖에 없는 것입니다.

1984년에 세상을 떠난 프란시스 쉐퍼(Francis A. Schaeffer, 1912~84) 목사는 말년에 암과 싸우면서도 젊은이들에게 "행복을 삶의 목표로 삼지 마십시오."라고 전했습니다. 그가 지적한 그리스도인의 문제는 '누구나 행복을 구하지만 거룩함은 구하지 않는다는 것' 이었습니다. 잘 살게 해 달라고, 더 좋은 것 달라고, 많이 벌게 해 달라고 구하지만, 거룩하게 해 달라고, 구별되게 해 달라고 기도하거나 그것을 위해 살지 않는다는 것입니다. 복 있는 사람은 거룩한 삶을 살려고 끊임없이 노력하는 사람입니다. "복 있는 사람은 악인들의 꾀를 따르지 아니하며 죄인들의 길에 서지 아니하며…오직 여호와의 율법을 즐거워하여 그의 율법을 주야로 묵상하는도다."(시 1:1~2)

존 웨슬리의 위대한 유산

존 웨슬리와 함께 감리교 운동을 시작했던 조지 횟필드(George Whitefield, 1714~70)는 열다섯 가지 사항을 늘 기억하며 삶을 점검하였습니다.

① 개인 기도에 열렬하였는가? ② 작정해 놓은 기도시간에 기도하였는가? ③ 매시간 부르짖었는가? ④ 대화하거나 행동하기 전후에 나 자신이 행하려는 것이 하나님께 어떻게 영광이 되는지 심사숙고하였는가? ⑤ 기쁜 일이 있을 때 즉시 하나님께 감사하였는가? ⑥ 잊지 않고 하루 일과를 미리 계획하였는가? ⑦ 모든 일에서 순수하였고 또한 반성해 보았는가? ⑧ 내가 행할 수 있는 선한 일을 감당할 때 뜨거운 열심이 있었는가? ⑨ 말하거나 행할 때 온유하고 명랑하고 붙임성 있는 태도를 견지하였는가? ⑩ 다른 이들에 대하여 교만하거나 허탄하게 굴거나 참지 못하거나 투기하지는 않았는가? ⑪ 먹고 마실 때마다 자신을 돌아보며 감사한 마음을 가졌는가? 또 잠자는 일에서 절제가 있었는가? ⑫ 윌리엄 로의 규칙에 따라 하나님께 감사하는 일에 시간을 드렸는가? ⑬ 연구하는 일에 부지런하였는가? ⑭ 다른 사람에 대하여 불친절하게 생각하거나 말하지 않았는가? ⑮ 나의 모든 죄를 고백하였는가?

하나님께로부터 난 우리도 하나님 앞에 서는 그날까지 항상 기도하며 깨어(눅 21:36) 하늘의 상급을 위해 달려가야 합니다.(빌 3:14) 그렇게 우리 자신을 지켜야만 어떠한 죄의 유혹도 이겨 낼 수 있을 것입니다.

　사명감에 불타는 그리스도인도 계속해서 하나님의 음성을 듣지 않는다면 하나님께서 버리실 수도 있습니다.

　　그러나 만일 우리가 우리를 먼저 사랑해 주신 하나님을 그때에 사랑하지 않는다면, 만일 우리가 하나님의 음성을 듣지 않는다면, 만일 우리가 눈을 하나님에게서 돌려서 하나님께서 우리 위에 부으시는 빛에 주목하지 않는다면, 하나님의 영은 언제든지 힘쓰시지만은 않을 것입니다. 하나님의 영은 점차로 물러나서 우리를 우리 자신의 마음의 어두움에 버려두실 것입니다. -존 웨슬리 지음, "하나님께로부터 난 자," 한국웨슬리학회 편, 『웨슬리 설교전집 2』(서울:대한기독교서회, 2006), p.48.

> But if we do not then love him who first loved us; if we will not hearken to his voice; if we turn our eye away from him, and will not attend to the light which he pours upon us; his Spirit will not always strive; He will gradually withdraw, and leave us to the darkness of our own hearts. -Albert C. Outler, 「The works of John Wesley-vol.1」, Abingdon Press, 1986, p.442.

　사도 바울은 "높은 마음을 품지 말고 도리어 두려워하라"(롬 11:20)고 했고, "선 줄로 생각하는 자는 넘어질까 조심하라"(고전 10:12)고도 했습니다. 예수 믿고 하나님과 동행하며 하나님의 자녀로 부름 받은 여러분, 가정과 일터에서, 또 교회에서 항상 깨어 하나님의 음성에 귀를 기울이며 기도하기를 쉬지 말고 마땅히 해야 할 일에 최선을 다해야 합니다. 말씀으로 이기고 감사함으로 이기고 참음으로 이겨야 합니다. 그래야 아름답다고 했습니다. 영생을 소유한 천국 백성으로서 하나님을 아버지라 부르는 사람답게 믿음으로 범사에 승리하기 위하여 최선을 다하는 복된 성도들이 되시기를 바랍니다.

전능하신 하나님! 감사합니다.
하나님의 선하심과 온전하신 뜻을 이루며 살기에
우리는 너무나도 연약합니다.
부족합니다.
약한 우리를 붙들어 주시옵소서.
세워 주시옵소서.
구원 받은 하나님의 자녀답게
말씀을 가지고 살게 하여 주시옵소서.
말씀의 터 위에서 승리하게 하옵소서.
하나님, 때로 힘들고 어려워 지칠 때도 있으나
넘어져도 아주 엎드러지지 않게 하여 주시옵소서.
일어나게 하여 주옵소서.
승리자로 감사하며 간증하며 사는
복된 자녀 되게 하여 주시옵소서.
우리 주님 예수 그리스도의 이름으로 간절히 기도하옵나이다.
아멘.

존 웨슬리의 위대한 유산

『존 웨슬리』 설교 시리즈 **5**

소금과 빛

Upon Our Lord's
Sermon on the Mount, 4

First, I shall endeavour to show, that Christianity is essentially a social religion, and that to turn it into a solitary religion is indeed to destroy it. By Christianity I mean that method of worshipping God which is here revealed to man by Jesus Christ. When I say, This is essentially a social religion, I mean not only that it cannot subsist so well, but that it cannot subsist at all, without society, without living and conversing with other men.

너희는 세상의 소금이니 소금이 만일 그 맛을 잃으면 무엇으로 짜게 하리요
후에는 아무 쓸 데 없어 다만 밖에 버려져 사람에게 밟힐 뿐이니라
너희는 세상의 빛이라 산 위에 있는 동네가 숨겨지지 못할 것이요
사람이 등불을 켜서 말 아래에 두지 아니하고 등경 위에 두나니 이러므로
집 안 모든 사람에게 비치느니라 이같이 너희 빛이 사람 앞에
비치게 하여 그들로 너희 착한 행실을 보고 하늘에 계신
너희 아버지께 영광을 돌리게 하라

마태복음 5장 13~16절

성경은 여러 곳에서 우리가 어떤 존재인지를 알려주고 있습니다. 창세기 12장 2절에 보면 "내가 너로 큰 민족을 이루고 네게 복을 주어 네 이름을 창대하게 하리니 너는 복이 될지라"는 말씀이 있습니다. 이것은 예수 믿는 우리가 하나님의 복을 받은 사람이라는 것을 가르쳐 줍니다. 시편 2편 7절에는 "너는 내 아들이라 오늘 내가 너를 낳았도다" 하였고, 요한복음 1장 12절에는 "영접하는 자 곧 그 이름을 믿는 자들에게는 하나님의 자녀가 되는 권세를 주셨으니"라고 했습니다. 또한 베드로전서 2장 9절에 "너희는 택하신 족속이요 왕 같은 제사장들이요 거룩한 나라요 그의 소유가 된 백성"이라고 했습니다.

이 말씀들은 그리스도인인 우리가 예수님을 믿음으로 신분이, 소속이, 존재 가치가 달라진 하늘 사람이란 사실을 밝혀 줍니다. 우리는 '하나님의 형상대로'(창 1:27) 창조되었고, '보시기에 심히 좋았더라'(창 1:31)고 하신 특별한 존재입니다. 그러므로 우리 각자는 하나님의 선하신 뜻을 이루기 위해 이 세상에 보내진 고귀한 사람임을 인식하며 살아야 합니다. 다시 말해 '정체성'을 정확히 인식하고 살아야 합니다. 웨슬리 목사님도 인간이 '아는 것 없는 어리석은 상태'에서 '하나님의 형상으로 변화를 받는 것'이 얼마나 바람직한 일인지 말씀하셨습니다. 또한 그 사실을 잊어버릴 때마다 그것을 다시 확인하고 되새길 필요가 있다고 했습니다.

인간이 무지몽매(無知蒙昧-아는 것이 없이 어리석음)한 미개인으로부터 벗어나기 시작한 때부터 그들은 인간이 그의 창조주 하나님의 형상으로 변화를 받는 것이 얼마나 바람직한 일이라는 것을 잘 알았습니다. 하나님의 형상이 거듭난 인간 심령 속에 이처럼 뚜렷이 각인되어 있는 만큼 이 사실이 우리에게 간혹 희미해질 때에는 내성을 통하여 이를 다시 확인하고 되새길 필요가 있습니다. –존 웨슬리 지음, "산상설교Ⅳ," 한국웨슬리학회 편, 『웨슬리 설교전집 2』(서울:대한기독교서회, 2006), p.132.

From the hour men begin to emerge out of the darkness which covers the giddy, unthinking world, they cannot but perceive how desirable a thing it is to be thus transformed into the likeness of him that created us. This inward religion bears the shape of God so visibly impressed upon it, that a soul must be wholly immersed in flesh and blood when he can doubt of its divine original. -Albert C. Outler, 「The Works of John Wesley-vol.1」, Abingdon Press, 1984, p.531.

빛이요 소금으로 사는 그리스도인

마태복음 5장에서 예수님은 여덟 가지 복(八福)에 대해 말씀하

존 웨슬리의 위대한 유산

셨고, 이어서 '너희는 세상의 소금이며, 세상의 빛'이라고 하셨습니다. 소금과 빛이라는 비유를 통해 그리스도인이 세상에서 어떤 존재여야 하는가를 말씀하신 것입니다. 소금과 빛인 그리스도인은 하나님을 기쁘시게 하는 예배자로서의 삶에 최선을 다해야합니다. 그러나 그것이 전부는 아닙니다. 기독교는 본질적으로 사회적 종교이기 때문에 다른 사람과 같이 살고 소통하지 않으면 잘 유지되지 못할 뿐 아니라 전혀 존재할 수 없습니다.

First, I shall endeavour to show that Christianity is essentially a social religion, and that to turn it into a solitary religion is indeed to destroy it. By Christianity I mean that method of worshipping God which is here revealed to man by Jesus Christ. When I say this is essentially a social religion, I mean not only that it cannot subsist so well, but that it cannot subsist at all without society, without living and conversing with other men. -Albert C. Outler, 「The Works of John Wesley-vol.1」, Abingdon Press, 1984, p.533.

첫째로, 나는 기독교는 본질적으로 사회적 종교이며, 따라서 이 종교를 고립시킬 때 죽고 만다는 사실을 논증하고자 합니다. 기독교는 예수 그리스도에 의하여 인간에게 계시된 하나님을 경배하는 일을 가르쳐 주는 종교입니다. 그러나 이 종교는 본래적으로 사회적 종교이므로 사회를 떠나서는, 즉 다른 사람과 같이 살고 대화함이 없이는 잘 유지되지 못할 뿐 아니라 전혀 존재할 수 없는 것입니다. -존 웨슬리 지음, "산상설교Ⅳ," 한국웨슬리학회 편, 『웨슬리 설교전집 2』(서울:대한기독교서회, 2006), p.134.

이는 십자가의 모양으로 설명할 수 있습니다. 십자가는 수직으로만 뻗어 있지 않습니다. 위와 아래, 하나님과 나의 관계만을 위한 십자가가 아니라는 말입니다. 십자가는 수평으로도 뻗어 있습니다. 좌, 우, 즉 나와 너, 우리의 관계를 포함한 것이 십자가입니다.

고린도전서 5장 9절에 보면 "음행하는 자들을 사귀지 말라"고 했습니다. 이 말은 그리스도인이면 음행자나 그 밖의 범죄자와 친분을 맺는 것을 삼가라는 뜻입니다. 그러나 그 다음 절에 "이 말은 이 세상의 음행하는 자들이나 탐하는 자들이나 속여 빼앗는 자들이나 우상 숭배하는 자들을 도무지 사귀지 말라 하는 것이 아니니 만일 그리하려면 너희가 세상 밖으로 나가야 할 것이라"(고전 5:10)고 했습니다. 그리스도인 중에 그런 사람이 있으면 교제를 하지 말라는 것은 맞지만 "그러나 원수와 같이 생각하지 말고 형제 같이 권면하라"(살후 3:15)는 뜻입니다.

"음란한 사람들과 사귀지 말라."(고전 5:9) 이 말에 의해 생각해 본다면 그리스도인이 음행자나 그 밖의 범죄자와 친분을 맺는다는 것은 권장할 만한 일이 못되며, 결과적으로 돌이킬 수 없는 위해와 헤어날 수 없는 함정에 빠질 수도 있을 것입니다. 그러나 사도 바울은 하나님을 알지 못하는 자들과의 교제를 전혀 금한 것은 아닙니다. "그렇게 하려면 여러분이 이 세상 밖으로 나가야 할 것"(고전 5:10)이

The advice of St. Paul to the Christians at Corinth may seem to favour this: 'I wrote unto you in an epistle not to company with fornicators.' (1 Cor. 5:9) And it is certainly not advisable so to company with them, or with any of the workers of iniquity, as to have any particular familiarity, or any strictness of friendship with them. To contract or continue an intimacy with any such is no way expedient for a Christian. It must necessarily expose him to abundance of dangers and snares, out of which he can have no reasonable hope of deliverance. But the Apostle does not forbid us to have any intercourse at all, even with the

존 웨슬리의 위대한 유신

men that know not God: For then, says he, 'ye must needs go out of the world;' which he could never advise them to do. But, he subjoins, 'If any man that is called a brother,' that professes himself a Christian, 'be a fornicator, or covetous, or an idolater, or a railer, or a drunkard, or an extortioner;' (1 Cor.5:10) 'now I have written unto you not to keep company' with him; 'with such an one, no not to eat.' This must necessarily imply that we break off all familiarity, all intimacy of acquaintance with him. 'Yet count him not', saith the Apostle elsewhere, 'as an enemy, but admonish him as a brother.' (2 Thes. 3:15) plainly showing that even in such a case as this we are not to renounce all fellowship with him; So that here is no advice to separate wholly, even from wicked men. Yea, these very words teach us quite the contrary. -Albert C. Outler, 「The Works of John Wesley-vol.1」, Abingdon Press, 1984, pp.535~536.

라고 하였는데, 그는 이것을 권장하지는 않았습니다. "그러나 내가 쓴 것은 만일 형제라는 사람으로서 음란하거나 욕심 부리거나 우상숭배하거나 사람을 중상하거나 술 취하거나 약탈하거나 하는 자가 있다면 그런 사람과는 사귀지 말고 식사도 같이 하지 말라고 한 말"(고전 5:11)이라 하였습니다. 이 말은 물론 그리스도인 중에 그런 사람이 있으면 친분과 교제를 맺지 말라는 것임에 틀림없으나 바울은 다른 곳에 "그러나 그를 원수처럼 여기지 말고 형제처럼 타이르라"(살후 3:15)고 하였는데 이 말은 위의 진술한 바와 같은 사람이라도 절교를 하라는 말은 아닙니다. 이로써 사도 바울의 교훈에는 악인과는 전혀 교제하지 말라는 권고는 없다 할 것입니다. -존 웨슬리 지음, "산상설교Ⅳ," 한국웨슬리학회 편, 『웨슬리 설교전집 2』(서울:대한기독교서회, 2006), p.136.

소금이 짠맛을 내지 못한다는 것은 '소금이 녹지 않았다.'는 뜻이지만 다른 음식과 접촉하지 않았다는 뜻이기도 합니다. 또한 등불이 됫박 아래 있으면 무슨 소용이 있습니까? '됫박'은 되 대신 쓰는 바가지를 말하는데 불을 켜서 바가지 속에 두면 무슨 소용이 있느냐는 말입니다. 이러한 소금과 빛의 비유 속에는 두 가지 주제가 있습니다.

첫째, 구별되었다는 것입니다. 소금은 어떤 물질로도 낼 수 없는 짠맛을 냅니다. 빛도 어둠과 현저하게 구별됩니다. 예수님이 세상의 소금과 빛이 되라고 하신 것은 세상에서 구별된 존재가 되라는 뜻입니다.

둘째, 영향력입니다. 소금은 맛을 내고 음식의 부패를 막아 줍니다. 빛은 어둠을 물리치는 영향력을 발휘합니다. 이처럼 그리스도인은 그리스도인으로서 맛과 빛을 나타내 그 영향력을 세상에 미쳐야 한다는 것입니다.

소금과 빛의 사명을 감당해야 하는 그리스도인은 세상으로부터 하나님께 '부름'을 받음과 동시에, 세상으로 '보냄'을 받은 사람들입니다. 그러므로 예수님은 '소금과 빛'을 가지고 그리스도인의 정체성에 대해 가르쳐 주신 것입니다.

자기를 죽여서 짠맛을 내는

소금에는 몇 가지 특성이 있습니다.

첫째, 맛을 냅니다. 소금이 들어가지 않으면 어떤 음식도 제맛이 나지 않습니다. 예수 믿는 우리는 이 세상이 '더 맛깔 나는 세상'이 되게 해야 합니다. 골로새서 4장 6절에 "너희 말을 항상 은혜 가운데서 소금으로 맛을 냄과 같이 하라"고 했습니다. 한마

디를 하더라도 은혜로운 말을 하라는 뜻입니다. 맛있는 음식을 먹을 때 기분이 좋아지는 것처럼 우리의 말을 듣는 사람이 기뻐하고, 즐거워하고, 고마워하고, 감동할 수 있는 말을 하라는 것입니다. 소금이 되라는 말입니다. 소금이 맛을 내기 위해서는 녹아야 합니다. 녹는다는 것은 자기를 없애는 것입니다. 예수님이 십자가에서 자신의 생명을 드려 모든 믿는 사람을 구원받게 하신 것처럼 우리도 살맛나는 세상을 이루기 위해 겸손과 사랑, 섬김을 위해 희생하는 삶을 살아야 합니다.

둘째, 소금은 부패를 방지합니다. 소금은 음식이 썩는 것을 막아 줍니다. 소금은 맛이 변하지 않는다는 데서 하나님의 영원한 언약을 상징하기도 합니다. 그래서 민수기 18장 19절, 역대하 13장 5절에 소금 언약이라는 표현을 썼습니다. 그리스도인 역시 어느 곳에 가든지 그곳을 썩지 않게 해야 합니다. 그러기 위해 "무엇에든지 참되며 무엇에든지 경건하며 무엇에든지 옳으며 무엇에든지 정결하며 무엇에든지 사랑 받을 만하며 무엇에든지 칭찬 받을 만"(빌 4:8)해야 합니다.

셋째, 소금은 생명력을 제공합니다. 소금은 생명을 유지하는 데 반드시 필요한 무기질 중의 하나입니다. 요즘에는 우리나라 음식에 소금이 많이 들어가서 건강을 걱정하는 사람이 많습니다. 그래서 '싱겁게 먹어야 남은 삶이 짭짤하다.'는 말을 합니다. 저는 싱겁게 먹던 사람인데 얼마 전부터 짜야 맛이 있다는 생각이 듭니다. 사람이 나이가 들면 맛을 느끼는 기관이 퇴보한다고 합니다. 그래서 싱거우면 맛을 잘 못 느낀다고 합니다. 그러나 분명한 것은, 소금을 전혀 먹지 않으면 생명을 유지하는 데 문제가 생깁니다.

예수님은 소금이 그 맛을 잃으면 밖에 버려져 밟힌다고 하셨습니다. 소금을 물에 넣으면 짠물이 되는 것처럼, 그리스도인들 때문에 세상이 살맛나게 변화되도록 해야 합니다.

전에는 어둠이었으나 이제는 세상의 빛으로

예수님은 우리를 향해 '세상의 빛'이라고 하셨습니다.

빛의 특징은 다음과 같습니다.

첫째, 어둠을 몰아내는 것입니다. 에베소서 5장 8절에 "너희가 전에는 어둠이더니" 한 것처럼 인간은 죄로 인해 어둠에 있었습니다. 그러나 예수님이 이 세상의 빛으로 오셨습니다. 요한복음 1장 9절에 "참 빛 곧 세상에 와서 각 사람에게 비추는 빛이 있었나니" 하였고, 요한복음 8장 12절에 "예수께서 또 말씀하여 이르시되 나는 세상의 빛이니 나를 따르는 자는 어둠에 다니지 아니하고 생명의 빛을 얻으리라" 하였습니다. 그리고 빛으로 오신 예수님을 영접하고 구원받아 하나님의 자녀가 된 우리는 '빛의 자녀'(엡 5:8)가 되었습니다. 빛의 자녀는 열매 없는 어둠의 일에 참여하지 않고, 말하기도 부끄러운 은밀한 일을 하지 않으며, 책망을 받는 모든 일을 하지 않습니다.(엡 5:11~13) 이런 일은 전부 어둠의 일입니다. "하나님은 빛이시라 그에게는 어둠이 조금도 없으시다는 것이니라 만일 우리가 하나님과 사귐이 있다 하고 어둠에 행하면 거짓말을 하고 진리를 행하지 아니함이거니와 그가 빛 가운데 계신 것 같이 우리도 빛 가운데 행하면 우리가 서로 사귐이 있고 그 아들 예수의 피가 우리를 모든 죄에서 깨끗하게 하실 것이요."(요일 1:5~7)

'세상의 빛'(요 8:12)으로 오신 예수님을 믿으면 우리는 '세상의 빛'(마 5:14)이 됩니다. 베드로전서 2장 9절에 "이는 너희를 어두운 데서 불러 내어 그의 기이한 빛에 들어가게" 하셨다 했습니다. 요한복음 3장 20~21절에 "악을 행하는 자마다 빛을 미워하여 빛으로 오지 아니하나니 이는 그 행위가 드러날까 함이요 진리를 따르는 자는 빛으로 오나니 이는 그 행위가 하나님 안에서 행한 것임을 나타내려 함이라" 했습니다. 더 이상 어둠의 일을 하느라 괴로워하지 말고 빛의 자녀답게, 세상의 빛답게 생명의 빛 가운데 거하기 위해 최선을 다하시길 바랍니다.

둘째, 빛은 생명력을 부여합니다. 빛이 있어야 생명이 자라고 열매를 맺습니다. 우리가 말씀을 들으면 믿음이 생기는데(롬 10:17) 그럴 때 하나님의 빛이 우리 가운데 임하고, 우리 안에 있는 어둠이 물러갑니다. 빛은 우리를 '그리스도의 장성한 분량'(엡 4:13)에까지 자라나게 하는 생명입니다.

셋째, 빛은 경고의 역할을 합니다. 높은 빌딩 꼭대기에 반짝이는 불빛(경고등)을 다는 이유는 헬리콥터나 비행기가 건물에 부딪칠 수 있기 때문입니다. 이처럼 위험이 있는 곳에는 빛을 비춰 사고를 대비합니다.

넷째, 빛은 길을 인도합니다. 암초가 있는 바다라고 해도 등대의 빛을 잘 보고 가면 안전하게 이동할 수 있습니다. 예수님은 "내가 곧 길이요 진리요 생명이니 나로 말미암지 않고는 아버지께로 올 자가 없느니라"(요 14:6)고 했습니다. 그리스도인은 길이요, 진리요, 생명이신 예수님을 알지 못하는 사람들을 인도하는 자입니다. 그러므로 우리 그리스도인들은 시대의 위기를 알리고, 죽음과 멸망이 있음을 경고하며, 생명의 길로 인도하는 예언자적 사명을 감당해야 합니다.

예수님 걸어가신 그 길을 따라

예수님은 우리에게 '너희는 소금이 되라, 빛이 되라'고 말씀하시지 않았습니다. 이미 소금과 빛이라고 선포하셨습니다. 소금과 빛으로 살아가는 것은 자기를 부인하고 십자가를 지는 고통의 삶입니다. 예수님이 걸어가신 그 길을 걷는 것입니다. 그러나 저 높은 곳을 향하여 가기에 기쁨으로 가는 것입니다. 여러분 모두가 소금과 빛으로 비전을 품고 기도하며 최선을 다해 맡겨진 사명 잘 감당하는 하늘 백성으로 승리하시기 바랍니다.

전능하신 하나님!

우리를 소금과 빛으로 구별하여 주심에 감사를 드립니다.

그러나 그것에만 그치지 않게 하시고,

소금과 빛의 사명을 잘 감당케 하옵소서.

나를 녹여 짠 맛을 내게 하시고,

나를 태워 어둠을 밝히게 하옵소서.

그리하여 이 세상이 더욱 맛깔나고,

환하게 하옵소서.

예수님의 이름으로 기도하옵나이다.

아멘.

존 웨슬리의 위대한 유산

『존 웨슬리』 설교 시리즈 **6**

성경적인 기독교

Scriptural Christianity

But it is needful to observe this, that,
even in the infancy of the church, God
divided them with a sparing hand.
Were all even then prophets Were all
workers of miracles Had all the gifts
of healing Did all speak with tongues
No, in no wise. Perhaps not one in a
thousand. Probably none but the
teachers in the church, and only some of
them (1 Cor. 12:28-30). It was
therefore, for a more excellent purpose
than this, that "they were all filled with
the Holy Ghost."

빌기를 다하매 모인 곳이 진동하더니 무리가 다 성령이 충만하여
담대히 하나님의 말씀을 전하니라

사도행전 4장 31절

기독교를 말할 때 빠지지 않는 것이 있습니다. 이단(異端, heresy)입니다. 이단은 끊임없이 교회와 성도들을 혼란스럽게 하고 있습니다. 이단 중에는 교주의 개인적인 유익이나 잘못된 목적을 정당화하기 위해 성령의 사역을 빙자한 거짓 기적을 만들어내는 경우가 있습니다. 재림 예수, 혹은 하나님의 예언자로 소개되는 특정 인물이 성령의 능력으로 병든 사람을 고쳤다거나 마실 수 없는 물을 생수로 만들었다는 등의 속임수를 선전하는 경우가 그런 예입니다.

그런데 이단의 종류가 많아지고 그 힘이 세진 요즘, 믿는 성도들에게 나타나는 진짜 성령의 역사까지도 의심의 눈으로 바라보는 이들이 많아졌습니다. 그러나 성령은 분명 성도를 진리 가운데로 인도하며(요 16:13) 이적과 능력을 행하시는 삼위일체 하나님이십니다.(행 10:38) 사도행전에는 오순절에 성령이 임하셨던 장면이 기록되어 있습니다. "마치 불의 혀처럼 갈라지는 것들이 그들에게 보여 각 사람 위에 하나씩 임하여 있더니 그들이 다 성령의 충만함을 받고 성령이 말하게 하심을 따라 다른 언어들로 말하기를 시작하니라."(행 2:3~4) 성령이 임하자 제자들은 서로 다른 방언으로 말하기를 시작했습니다. 그때 제자들이 하는 말을 유대와 아시아, 그리스와 애굽 등 각처에서 온 이들이 자기 나라의 말로 알아듣는 역사가 나타났습니다.(행 2:6~11)

하지만 사도행전 4장 31절의 상황은 조금 달랐습니다. "빌기를 다하매 모인 곳이 진동하더니 무리가 다 성령이 충만하여 담대히 하나님의 말씀을 전하니라." 사도들과 성도들이 모여 기도하고 있을 때 모인 곳이 진동하기 시작했고 그들에게 성령이 임했습니다. 성경에는 "무리가 다 성령이 충만"했다고 했습니다. 그렇게 성령 충만해진 성도들은 담대히 하나님의 말씀을 전했습니다. 그때에는 사도행전 2장에 소개된 오순절 때처럼 각종 방언을 말하는 이적은 일어나지 않았습니다. 신유(병 고치는 역사)와 기적을 행하는 능력, 예언하고 영을 분별하는 능력, 여러 가지 방언을 통역하는 능력 등(고전 12:9~10) 몇몇 사람에게라도 성령의 특별한 은사가 주어졌다고 기록되어 있지 않습니다.

성령이 선물로 주시는 은사

같은 성령의 임재를 경험하더라도 어떤 경우에는 눈에 보이는 특별한 은사를 받기도 하지만, 어떤 경우에는 두드러지는 이적이나 능력이 나타나지 않기도 합니다. 중요한 것은 그때의 사람들이 모두 성령으로 충만하게 되었다는 것입니다.(행 4:31)

But it is needful to observe this, that, even in the infancy of the church God divided them with a sparing hand. 'Were all' even then 'prophets?' Were 'all workers of miracles? Had all the gifts of healing? Did all speak with tongues?' No, in no wise. Perhaps not one in a thousand. Probably none but the teachers in the church, and only some of them (1 Cor. 12:28-30). It was therefore for a more excellent purpose than this that 'they were all filled with the Holy Ghost.' -Albert C. Outler, 「The works of John Wesley-vol.1」, Abingdon Press, 1986, p.160.

그러나 다음의 사실은 유의할 필요가 있습니다. 하나님께서는 초대교회 때에도 그러한 은사를 이따금씩밖에 나누어 주지 않으셨다는 것입니다. 그 모든 사람들이 예언자였습니까? 모두가 기적을 행하는 자였습니까? 모든 사람이 병 고치는 은사를 가지고 있었습니까? 모든 사람이 방언을 말했습니까? 결코 그렇지 않았습니다. 천에 한 사람도 아니었을 것입니다. 아마도 교회의 교사들이나 그들 중에도 몇 사람만 그랬을 것입니다.(고전 12:28~30) 이러므로 '사람들이 모두 성령으로 충만하게 되었다.' (행 4:31)는 것은 이렇게 특별한 은사를 받는 것보다 더 훌륭한 목적을 위해서였습니다. —존 웨슬리 지음, "성경적인 기독교," 한국웨슬리학회 편, 『웨슬리 설교전집 1』(서울:대한기독교서회, 2006), pp.68~69.

웨슬리 목사님이 올더스게이트 집회에 참석했을 때에도 신비로운 일이 나타나지는 않았습니다. 단지 웨슬리 목사님의 가슴이 뜨거워졌을 뿐입니다. 어떤 때는 말씀을 듣다가 깨달아지고, 눈물이 쏟아지고, 가슴이 떨리고, 새로운 결단을 하는 등 많은 일들이 있습니다. 성령의 역사는 여러 가지로 나타납니다. 중요한 것은 그때 많은 사람들이 성령으로 충만했다는 것입니다.

교회는 성령의 임재로부터 시작되었습니다. "너희는…양자의 영을 받았으므로 우리가 아빠 아버지라고 부르짖느니라."(롬 8:15) 고린도전서 12장 3절은 이렇게 전합니다. "성령으로 아니하고는 누구든지 예수를 주시라 할 수 없느니라." 오직 성령으로 인해서만 우리는 하나님을 아버지라 부르고 예수 그리스도를 나의 주님이라 고백할 수 있습니다.

그래서 세례는 아무도 없는 곳에서 숨어 베푸는 것이 아닙니다. 어쩔 수 없는 경우는 할 수 없다 할지라도 대체적으로 많은 사람들이 보는 앞에서 세례식을 합니다. 세례를 베풀기 전에 묻는 것이 있습니다. "주는 그리스도시요 살아 계신 하나님의 아들이신 것을 믿습니까?" "예수 믿는 사람은 죽어 멸망함이 없이 영원히 사는 것을 믿습니까?" "예수 믿음으로 하나님의 자녀답게 살기를 결단하십니까?" 등등을 왜 사람들 앞에서 묻습니까? '성령께서 그에게 예수를 주시라고 고백할 수 있게 하시는가', 자신의 입으로 "주는 그리스도시요 살아 계신 하나님의 아들이라"고 고백하는가를 보는 것입니다.

죄인인 우리가 예수 그리스도를 인생의 주인으로 섬기면 하나님의 평화가 우리 안에 가득하게 됩니다.(골 3:15) 그러면 우리는 어둠의 권세와 죽음을 이기신 그리스도와 함께 있음으로 두렵지 않게 되고 흔들리지 않게 됩니다.(히 2:14~15)

그리고 "그는 의롭다 함을 얻었으므로 하나님과 화평하게 되었습니다."(롬 5:1) 아니 그뿐만이 아니라 "하나님의 평화가 그의 마음을 주장하게"(골 3:15) 된 것입니다. 이 평화는 인간의 모든 지혜

존 웨슬리의 위대한 유산

And, "being justified by faith, he had peace with God" (Rom. 5:1), yea, 'the peace of God ruling in his heart'; a peace, 'which passing all understanding' (πάντα νουν, all barely rational conception), 'kept his heart and mind' from all doubt and fear, through the 'knowledge of him in whom he had believed'. He could not therefore, 'be afraid of any evil tidings'; for his 'heart stood fast, believing in the Lord.' He feared not what man could do unto him, knowing 'the very hairs of his head were all numbered'. he feared not all the powers of darkness, whom God was daily 'bruising under his feet'. Least of all was he afraid to die; nay, he 'desired to depart and to be with Christ' (Phil. 1:23); who 'through death had destroyed him that had the power of death, even the devil' and delivered them who through fear of death were all their life time', till then, 'subject to bondage' (Heb. 2:14~15). -Albert C. Outler, 「The works of John Wesley-vol.1」, Abingdon Press, 1986, p.162.

(πάντα νουν, 판타 눈, 단순히 합리적인 모든 개념)로는 도저히 측량할 수 없는 것으로 그리스도의 지식을 통하여 모든 의혹이나 공포에서 그의 마음과 생각을 지키는 것이었습니다.

그러므로 그는 "흉한 소식을 두려워할" (시 112:7) 까닭이 없었습니다. 그것은 그의 마음이 여호와를 의뢰하고 흔들리지 않았기 때문입니다. 그는 하나님께서 자신의 머리터럭까지도 다 헤아리신다고 알고 있기 때문에 인간이 그에게 행할 수 있는 일은 두려워하지 않았습니다. 그는 흑암의 권세를 전혀 두려워하지 않았습니다. 그것은 하나님께서 흑암의 권세를 날마다 발 아래서 깨뜨려 주시기 때문입니다. 무엇보다도 그는 죽음을 두려워하지 않았습니다. 아니 그는 "세상을 떠나 그리스도와 함께 있는 것"(빌 1:23)을 원했습니다. 그리스도께서는 죽음을 통해서 죽음의 세력을 잡은 자, 곧 악마를 없이하고 또 일생 동안 죽음에 대한 공포 때문에 노예가 된 사람들을 해방시켜 주신(히 2:14~15) 것입니다. -존 웨슬리 지음, "성경적인 기독교," 한국웨슬리학회 편, 『웨슬리 설교전집 1』(서울:대한기독교서회, 2006), p.71.

우리에게서 그리스도의 향기가

또 우리로 인하여 다른 사람이 그리스도의 향기를 맡게 되고, 우리 때문에 천국의 소망을 갖게 됩니다. 다른 사람에게 선한 영향력을 끼치게 된다는 말입니다.

'유럽축구선수권대회(Euro 2012)' 결승전이 있었습니다. 스페인이 이탈리아를 이기고 우승을 차지했습니다. 우리 교회 청년이 스페인 마드리드에 살고 있는데 이 청년이 SNS에 "자정이 지나도 우승을 기뻐하는 인파가 길거리에 가득했다."고 적었습니다. 우승했는데 당연하겠지요. 2002년도의 우리나라를 생각해 보세요. 월드컵경기에서 우승한 것도 아니고 4강에 들었다고 밤에 온 나라가 들썩였습니다. 남의 차에 올라가고 대단했습니다. 국민들은 국가대표 선수가 좋은 성적을 거두면 자신이 우승한 것처럼 모두 기뻐합니다.

프랑스 사람들은 19세기 초 나폴레옹 전쟁 시절에 자신이 나폴레옹이 된 것처럼 무슨 일에든지 당당하고 자신감 넘치게 행동했다고 합니다. 한 사람의 영향력이 대단했던 것이지요. 우리도 다른 사람에게 선하고 긍정적인 영향을 미치고 살아야 합니다. 그리고 정말 좋은 사람의 영향을 받아야 합니다. 그래서 좋은 사람을 사귀어야 합니다. 여러분이 가까이 지내는 친구가 정말 괜찮은 분입니까? 만나면 하나님이 기뻐하실 만한 사람입니까? 좋은 사람과 만나야 하고 자신도 다른 사람에게 좋은 사람이 되어야 합니다. 그렇지만 신앙생활 잘하는 사람과 친하게 지낸다고 해서 자신에 대해 안심해서는 안 됩니다. 신앙생활은 자기가 잘해야 합니다. 다른 사람의 영향을 받지만 영향을 받은 자신이 신앙생활 잘 해서 다른 사람에게 그리스도의 향기를 풍겨야 합니다.

어느 목사님이 가족 중에 혼자서만 신앙생활을 하는 여자 집사님 집에 심방을 갔습니다. 때마침 집사님의 남편을 만날 수 있어서 예수 믿고 구원 받으라고 신앙생활을 권유했습니다. 그러자 남편은 이렇게 답했습니다. "제 아내가 믿음이 좋으니까 아내가 천국 갈 때 저는 옷자락만 꼭 잡고 있으면 됩니다."(『홍정길 목사의 301가지 감동스토리 1』) 그러나 대표로 한 사람만 교회 와서 예배드리고 대표로 한 사람만 예수 믿고 구원받으면 천국도 그 대표만 갈 수 있습니다. 예수 믿고 천국 백성이 되는 것은 '내 문제'이고 '내 책임'입니다. 다른 사람에게 떠넘길 수 없는 것입니다. 그러므로 우리는 예수 잘 믿어야 하고 다른 사람에게 선한 영향력을 끼쳐야 합니다.

예수를 믿음으로 하나님의 자녀가 된 우리는 영원한 생명이 주어졌음에 감사하여 하나님을 찬양하는 사람들입니다. 우리는 입으로 하나님을 찬양하며 사는 사람이기에 입에는 파수꾼을 세우고 입술을 지키는 사람이어야 합니다.(시 141:3)

그래서 우리는 입의 문을 잘 지켜야 합니다. 내 입이 하나님의 성호를 찬양하고 사람들을 저주하고 멸시하는 말을 하지 않도록 조심해야 합니다. 입을 함부로 열지 말아야 합니다. 좋은 말을 해야 하는 것, 말을 잘해야 하는 것, 삼가 조심하여 말하는 것이 중요합니다.

성경적인 기독교

터키 남부에는 타우라스(Taurus)라는 산이 있습니다. 이 산은 독수리 서식지로 유명합니다. 독수리가 가장 좋아하는 먹이 중 하나는 두루미인데 두루미가 특유의 울음소리를 내며 산을 넘을 때 독수리가 공격한다고 합니다. 그러다 보니 노련한 두루미는 여행을 떠나기 전 입에 돌을 물고 간다고 합니다. 돌을 문 두루미는 소리를 낼 수 없어 무사히 산을 넘을 수 있다는 것입니다.

그리스도인에게도 침묵이 필요할 때가 많습니다. 독한 말, 뾰족한 말, 남의 마음을 아프게 하고 상처 주는 말을 하지 말아야 합니다. 오히려 침묵을 유지할 때 하나님을 만날 수 있습니다. 그리고 말을 할 때에는 다른 사람에게 유익을 주는 말, 용기를 주고 사랑을 전하는 말을 해야 합니다. 그래서 성경에도 '말에 실수가 없는 사람이 온전한 사람'이라고 했습니다.(약 3:2)

베드로전서에 보면 예수님을 이렇게 설명했습니다. "그는 죄를 범하지 아니하시고 그 입에 거짓도 없으시며."(벧전 2:22) 그분은 죄가 없으시며, 거짓을 말한 적도 없으십니다.(쉬운성경) 예수 믿는 성도는 말하는 것에서부터 예수님을 닮아가야 합니다.

그리스도인은 삶으로 복음을 전하는 사람들이므로 이웃에게 해를 끼치지 않고 공정하지 못한 행동이나 불친절을 멀리해야 합니다. 이웃에게 "예수 믿으세요. 예수 믿으세요." 하며 전도지를 나누어 주는 것도 중요하나 사랑의 마음으로 관심을 가져야 합니다.

이 사랑을 마음에 가지고 있는 자가 그 이웃에게 악을 행하지

존 웨슬리의 위대한 유산

It may be easily believed, he who had this love in his heart would 'work no evil to his neighbour'. It was impossible for him, knowingly and designedly to do harm to any man. He was at the greatest distance from cruelty and wrong, from any unjust or unkind action. -Albert C. Outler, 「The works of John Wesley-vol. 1」, Abingdon Press, 1986, p.164.

않았을 것이라는 사실은 쉽게 믿어지는 일입니다. 그는 누구한테도 고의로 해를 끼치지 않습니다. 그는 잔학과 부정, 여하한 불공정 혹은 불친절과도 무관합니다. -존 웨슬리 지음, "성경적인 기독교," 한국웨슬리학회 편, 『웨슬리 설교전집 1』(서울:대한기독교서회, 2006), pp.73~74.

2012년 여름에 은퇴한 대학교수가 자택에서 사망한 지 한 달이 지난 후 발견되어 사회이슈로 떠오른 일이 있었습니다. 한 일간지 기사는 "조난(遭難)이란 깊은 산속에서나 벌어지는 일인 줄 알았다. 이젠 대도시의 자기 집 안방에서 고립돼 죽어가는 '도심 조난'의 시대가 됐다."고 한탄하였습니다. 세상과 단절돼 혼자서 죽는 고립사(孤立死), 연락할 가족조차 없는 무연고(無緣故) 사망자가 급증하는 현실입니다.

여러분의 가족, 친척에게 일주일 동안 잘 계신지 확인전화 한 번 해보지 않았다면 무관심한 것입니다. 우리가 다른 사람에게, 가족들에게 관심을 가지고 사랑으로 대하며 살고 있는지 자신을 돌아봐야 합니다.

1964년, 뉴욕 퀸즈에서 키티 제노비스(Kitty Genovese)라는 여성이 살해되었습니다. 이 여성은 주택가 한복판에서 괴한의 공격을 받고 살해되었는데 나중에 경찰이 조사해 보니 이웃에 살고 있던 사람들 중 38명이 제노비스가 괴한과 맞서며 도움을 요청하던 소리를 직접 들었거나 그 장면을 멀리서 목격했습니다. 그러나 그중 단 한 명도 경찰을 부르거나 나가서 도와주지 않았습니다. 38명이 한결같이 다른 누군가가 도와줄 것으로 생각했기 때문입니다. 심리학에서는 어려움에 처한 사람 주위에 다른 사람들이 많으면 많을수록 직접 나서서 도와줄 사람이 적은 현상을 '방관자 효과(bystander effect)'라고 하는데 제노비스 사건의 이름을 따서 '제노비스 신드롬(Genovese syndrome)'이라고도 합니다.

사후에 전 재산을 기부하고 시신을 기부하는 것은 정말 훌륭한 일입니다. 대단한 결단이 필요한 일입니다. 그러나 살아 있을 때, 내 몸이 움직일 수 있을 때, 내 입으로 말할 수 있을 때 다른 사람을 위해 일하는 것, 다른 사람에게 관심을 갖고 베풀고 나누는 것이 더 중요합니다. 예수님도 말씀하셨습니다. "내 아버지께서 이제까지 일하시니 나도 일한다."(요 5:17) 예수님은 가난한 자를 돌보시고 굶주린 자를 먹이셨습니다. 버림받고 외면받는 사람들을 도우셨고 병든 사람들을 고치셨습니다. 우리도 예수님의 발자취를 따라 이웃을 위해 일하는 사람이 되어야 합니다. 최소한 관심이라도 가져야 합니다.

나는 하나님의 자녀인가?

하나님의 자녀는 예수 그리스도를 나의 주인으로 고백하며 분명한 천국의 소망을 가진 사람입니다. 하나님의 자녀는 예수님이 그러하셨던 것처럼 입술에 파수꾼을 세워 말을 조심하는 사람입니다. 하나님의 자녀는 선을 행하며 삶으로 생활 속에서 복음을 전하며 사는 사람입니다. 그렇다면 우리는 우리 자신에게 정말 하나님의 자녀인지 물어야 합니다. 여러분은 하나님의 자녀입니까? 어떠한 철학적, 과학적 지식을 갖고 있다 하더라도 사랑이 없으면 아무런 유익이 없음을 기억하며(고전 13:8) 하나님을 사랑하는 사람으로서 자녀에게 모범이 되고 있습니까?

Do you inculcate upon them day by day, that 'love alone never faileth'? Whereas, 'whether there be tongues, they shall fail', or philosophical 'knowledge, it shall vanish away'; and that without love all learning is but splendid ignorance, pompous folly, vexation of spirit. Has all you teach an actual tendency to the love of God, and of all mankind for his sake? -Albert C. Outler, 「The works of John Wesley-vol.1」, Abingdon Press, 1986, pp.175~176.

당신은 그들에게 날마다 사랑만이 결코 실패하지 않는 것이라고 타이르고 있습니까? 이에 반대하는 이론은 실패할 것이며, 철학적 지식이 있다고 해도 그것은 사라질 것이며(고전 13:8), 사랑이 없으면 모든 학식은 단순히 빛나는 무지, 거만한 우둔, 정신의 번뇌에 불과하다고 가르치고 있습니까? 당신이 가르치는 모든 것은 실제로 하나님을 사랑하고 하나님으로 인하여 전 인류를 사랑하게 하는 경향을 가지고 있습니까? -존 웨슬리 지음, "성경적인 기독교," 한국웨슬리학회 편, 『웨슬리 설교전집 1』(서울:대한기독교서회, 2006), pp.86~87.

학교에서, 교회에서, 어떠한 자리에서건 가르치는 일에 헌신하시는 분들에게 묻고 싶습니다. 여러분에게는 가르침을 통해 하나님의 나라를 확장하려는 열정이 가득 차 있습니까? 여러분이 책임지고 있는 모든 사람들에게 모든 지식의 목적이 "유일하신 하나님과 그가 보내신 예수 그리스도를 아는 것"임을 일깨우고 있습니까?(요 17:3)

일터에서 높은 자리에 있는 분들에게 묻겠습니다. 여러분은 생활 속에서 사람들에게 삶의 주인이신 예수 그리스도를 보여 주고 있습니까?

공부하는 학생들에게 묻겠습니다. 여러분은 최선을 다하여 학업에 힘쓰고 있습니까? 계획대로 공부하면서 시간을 헛되지 않게 사용하고 있습니까? 그리스도인으로서 주어진 시간을 소중하게 살고 있습니까?

직장 생활을 하시는 분들에게 묻겠습니다. 크고 작은 사업장을 운영하시는 분들에게 묻겠습니다. 여러분은 시간 관리보다 재산관리에 더 신경 쓰고 있지는 않습니까? 주일을 거룩히 지키며 예배에 최선을 다하여 참석합니까? 일터에서 누군가를 대할 때마다 무엇을 하든지 주께 하듯 합니까?(골 3:23)

모든 분들에게 묻겠습니다. 여러분은 성령의 임재로부터 시작된 교회 안에서 성령에 관해 얼마나 이야기하십니까? 성령의 은사에 대해 이야기하면 광신도라고 손가락질하지는 않습니까?

성령 충만을 받은 대로

성령 충만을 입은 그리스도인은 각자에 맞는 성령의 은혜를 선물로 받은 사람들입니다. 어떤 이에게는 잘 가르치는 교사의 은사를, 어떤 이에게는 배운 것을 잘 기억하고 활용하는 학업의 은사를 주십니다. 어떤 이에게는 조직을 통솔하는 리더의 능력을, 다른 이에게는 리더를 돕고 섬기는 능력을 주십니다. 부모에게는 자녀를 사랑하는 은사를, 자녀에게는 부모에게 순종하는 은사를, 교회에는 서로 다른 이들을 이해하고 섬기는 은사를 주셨습니다. 선물을 받고도 쓰지 않으면 그것은 선물을 주신 분을 업신여기는 행동이 됩니다. 주머니에 무엇인가 가득 들어 있을 때 어디에 쓰시렵니까? 하나님이 여러분을 만나게 하신 그분 앞에 여러분은 어떤 사람으로 서 계십니까?

5년 전쯤 같습니다. 홍천 지역에서 연합부흥회를 인도하기 위해 주일 오후에 차를 타고 출발했습니다. 교회 밖을 막 빠져 나가려는데 권사님 한 분이 "목사님, 목사님" 하고 부르더니 "목사님은 왜 만날 진한색 양복만 입으시는지, 멋진 양복 한 벌 사 입으세요."라며 봉투를 주시는 것입니다. 제가 "감사합니다."라고 인사한 뒤 출발한 차에 앉아서 봉투를 열어봤더니 100만 원이 들어 있었습니다. 지금 100만 원도 큰돈인데 그땐 더 큰돈이었지요. 그리고 홍천에 도착했습니다.

숙소에서 부흥회를 하는 교회까지는 제법 거리가 있었습니다. 부흥회 기간 동안 매일 운전을 해주시는 분은 어느 전도사님이었습니다. 저는 그 전도사님에게 학교는 어디를 졸업했나, 전공은 뭘 했나 이것저것 묻다가 결혼했느냐고 물었더니 결혼을 했다는 것입니다. 아이도 있는데 딸이랍니다. 애가 예쁘냐, 건강하냐고 물었더니 대답을 안 합니다. 그러더니 조금 있다가 울컥 하는 목소리로 애가 많이 아프다고 하면서 일주일에 두 번 서울대학교 소아병원에 가서 주사를 맞아야 한다는 것입니다. 작은 시골 교회의 전도사로 있으면서 먹고 사는 것은 둘째 치고 아이를 살리는 것이 문제라는 것이었습니다.

그 말을 듣는 순간 주머니에 들어 있는 양복 값이 생각났습니다. 그렇지만 권사님 성의라 차마 내놓지 못했습니다. 설교를 하면서도 계속 그 전도사님 얼굴이 떠올랐습니다. 그 다음날이 되어 전도사님에게 딸이 많이 아프냐고, 몇 살이냐고 물었습니다. 물을 때마다 주머니에 있는 봉투 생각이 났습니다. 권사님은 양복 해 입으라고 주셨는데, 신경이 너무 쓰여서 괴로웠습니다. 그리고 다음날 양복 값을 그 전도사님에게 주고 말았습니다. 전도사님은 "고맙습니다." 하며 눈물을 흘리시더군요. 저는 얼마나 마음이 후련한지 설교하기도 편안했습니다. 양복은 못 해 입었지만 저는 '하나님께서 권사님을 통해서 그 전도사님에게 전해주라고 하신 것은 아닌가.' 하는 마음이 들었습니다.

성령께서 주신 선물은 사랑을 실천하기 위해 사용해야 합니다. 복음을 전하기 위해서도 써야 합니다. 그것이 성경적인 기독교요, 성경적인 기독교인의 삶이 아닐까요? 각자가 속한 자리에서 우리에게 선물을 주신 성령님을 기쁘시게 하며 훗날 하나님께 칭찬받는 승리의 삶이 되라고 때때로 성령께서 생각나게 하시고 가르치시고 만나게 해주시는 것입니다. 성경적인 기독교, 성경적인 그리스도인은 조직신학적으로, 논리적으로 설명하는 것이 아닙니다. 예수 그리스도를 닮아가는 삶입니다. 생활의 실천입니다. 사랑하는 여러분, 성경적인 그리스도인의 삶의 주인공으로 승리하십시오.

전능하신 하나님!
예수 믿게 하신 것을 감사합니다.
이런저런 일들로 인하여 수많은 사람들이
예수 믿는 사람들을 손가락질하고 교회를 핍박합니다.
그러나 그것은 우리가 빛 되고 소금 된 삶을
살지 못했기 때문임을 잘 압니다.
그들의 비난에서 우리를 향한 기대가
아직도 남아 있음을 깨닫습니다.
하나님 마음에 합한 그리스도인으로 살아갈 수 있도록
연약한 우리를 도와주시옵소서.
생활 속에 말씀을 실천하는
주인공이 다 되게 하여 주시옵소서.
예수님의 이름으로 기도하옵나이다.
아멘.

존 웨슬리의 위대한 유산

『존 웨슬리』 설교 시리즈 **7**

두 주인

Upon Our Lord's
Sermon on the Mount, 9

"Seek ye first the kingdom of God." -- Before ye
give place to any other thought or care, let it be
your concern that the God and Father of our Lord
Jesus Christ (who "gave his only begotten Son,"
to the end that, believing in him, "ye might not
perish, but have everlasting life") may reign in
your heart, may manifest himself in your soul,
and dwell and rule there; that he may "cast down
every high thing which exalteth itself against the
knowledge of God, and bring into captivity every
thought to the obedience of Christ." Let God have
the sole dominion over you. Let him reign without
a rival. Let him possess all your heart, and rule
alone. Let him be your one desire, your joy, your
love; so that all that is within you may continually
cry out, "The Lord God omnipotent reigneth."

눈은 몸의 등불이니 그러므로 네 눈이 성하면 온 몸이 밝을 것이요
눈이 나쁘면 온 몸이 어두울 것이니 그러므로 네게 있는 빛이 어두우면
그 어둠이 얼마나 더하겠느냐 한 사람이 두 주인을 섬기지 못할 것이니
혹 이를 미워하고 저를 사랑하거나 혹 이를 중히 여기고 저를 경히 여김이라
너희가 하나님과 재물을 겸하여 섬기지 못하느니라

마태복음 6장 22~24절

우리의 신체기관 중에 눈의 역할은 대단히 큽니다. 그래서 옛말에 "몸이 천 냥이면 눈이 구백 냥"이라고 하였습니다. 인간은 외부에서 획득하는 정보의 80%를 눈을 통해 얻습니다. 그만큼 우리가 생각하고, 말하고, 행동하는 데에서 눈의 역할이 크다는 것을 의미합니다. 그러니 눈이 불편하신 분들, 앞을 볼 수 없는 분들이 얼마나 힘들게 살아가는지를 알 수 있습니다. 그러므로 우리는 시각장애를 가진 분들을 잘 도와드려야 합니다. 그분들이 불편하지 않게 이 세상을 살아갈 수 있도록 배려하고 양보할 줄 알아야 합니다.

심리학 용어 중에 맥거크 효과(McGurk effect)라는 게 있습니다. 영국의 심리학자 해리 맥거크(Harry McGurk)가 발견한 현상입니다. 실험자에게 영상으로는 '가, 가, 가' 발음을 하는 사람을 보게 하면서 동시에 음성으로는 '바, 바, 바' 소리를 듣게 합니다. 소리는 분명히 '바, 바, 바'라고 들리지만, 실험자는 화면 속의 사람이 '가, 가, 가'라고 말하는 것으로 인식한다는 것입니다. 이것은 귀에 들리는 청각 정보보다 눈으로 보는 시각 정보를 먼저 받아들이기 때문이라고 합니다. 보는 것에 의해 들리는 소리가 달라질 정도로 우리는 보는 것을 통해 많은 것을 판단하고 살아갑니다.

너희 눈은 너희 몸의 창문이라

예수님도 산에서 사람들을 가르치시며 눈의 중요성을 말씀하셨습니다. 마태복음 6장 22~23절에 "눈은 몸의 등불이니 그러므로 네 눈이 성하면 온 몸이 밝을 것이요 눈이 나쁘면 온 몸이 어두울 것이니 그러므로 네게 있는 빛이 어두우면 그 어둠이 얼마나 더하겠느냐"라고 했습니다. 이는 시력이 좋으냐 나쁘냐를 말씀하신 것이 아니라 영적인 눈의 중요성을 말씀하신 것입니다. 영적으로 무엇을 보느냐에 따라 영적 건강상태도 달라진다는 의미입니다.

유진 피터슨이 새롭게 번역한 '메시지 성경'을 보면 이렇게 되어 있습니다. "너희 눈은 너희 몸의 창문이다. 네가 경이와 믿음으로 눈을 크게 뜨면, 네 몸은 빛으로 가득해진다. 네가 탐욕과 불신으로 곁눈질하고 살면, 네 몸은 음습한 지하실이 된다. 네 창에 블라인드를 치면, 네 삶은 얼마나 어두워지겠느냐"(마 6:22~23/ 메시지성경) 눈이 몸의 창문이라는 것은 무엇을 보느냐에 따라 빛이 비춰 환해지기도 하고, 빛이 없어 어두워지기도 한다는 뜻입니다.

성경에서는 하나님을 빛으로 표현합니다. 시편 27편 1절에 "여호와는 나의 빛이요 나의 구원이시니 내가 누구를 두려워하리요" 하였고, 요한1서 1장 5절에 "하나님은 빛이시라 그에게는 어둠이 조금도 없으시다는 것이니라"고 했습니다. 하나님의 말씀도 빛으로 표현했습니다.(시 119:105, 잠 6:23) 뿐만 아니라 예수님도 세상에 생명을 주러 오신 빛으로 묘사되고 있습니다.(요 1:9, 8:12, 9:5, 12:46) "참 빛 곧 세상에 와서 각 사람에게 비추는 빛이 있었나니."(요 1:9) "예수께서 또 말씀하여 이르시되 나는 세상의 빛이니 나를 따르는 자는 어둠에 다니지 아니하고 생명의 빛을 얻으리라."(요 8:12)

믿음의 눈을 가진 사람은 그 안에 하나님이 주신 빛으로 가득합니다. 그러나 불신의 눈을 가진 사람은 습하고 어두운 지하실처럼 캄캄합니다. 웨슬리 목사님도 눈의 중요성을 말하며, 눈은 '인간의 의도(intention)'라고 했습니다. 눈을 보면 그 사람의 속마음을 알 수 있습니다. 대화할 때 그 사람의 속이 궁금하면 '날 보고 말하라니까!' 하고 말하기도 합니다. 그래서 거짓말하는 사람, 술수를 부리는 사람들을 보면 눈빛이 달라지고 눈동자가 흔들립니다. 눈이 육체의 행동을 지도하는 것처럼 우리의 의도가 영혼을 지도한다는 것입니다.

'눈이 성하면', 즉 눈이 하나님께만 고정되어 있으면 '온몸이 밝을 것'입니다. 그러면 우리의 모든 행동, 의욕, 기질, 감정, 사상, 말 등 모든 것이 하나님의 뜻을 따르게 될 것입니다. 하나님께 영적 시각이 고정되어 있는 사람은 평화와 즐거움을 가진 사람입니다. 그런 사람은 항상 기뻐하며 쉬지 않고 기도하며 범사에 감사하며, 그리스도 안에서 하나님의 뜻이 자신에게 이루어지는 것을 즐거워합니다.

그러나 '눈이 나쁘면 온몸이 어둡게 됩니다.' 성한 눈과 나쁜 눈 사이의 중간은 없습니다. 눈이 성하지 않으면 그것은 나쁜 것입니다. 우리가 하나님만을 목적으로 삼지 않고 다른 무엇을 추구한다면 우리의 마음과 양심은 불순할 수밖에 없습니다.

영적인 눈이 순수하지 못하면 불경건과 불의가 가득하게 되고, 욕망과 성질과 감정이 정도를 벗어나게 됩니다. 그리고 암흑과 죄악과 허망한 것의 지배를 받게 되며, 대화도 악의가 가득 차게 되는 것입니다.

과연 그렇습니다. 여러분의 눈이 순수하지 못하고 땅에 속한 것만을 추구한다면 여러분에게 불경건과 불의가 가득할 것이며, 여러분의 욕망과 성질과 감정 등이 정도를 벗어나게 될 것이며, 암흑과 죄악과 허망한 것의 지배를 받을 것이며, 따라서 여러분의 대화도 악의에 찬 것이 되어 '소금의 맛을 내고', '듣는 사람에게 은혜를 끼치는' 것이 아니라, 무익하고 망령되고 성령을 근심하게 하는 것이 될 것입니다. –존 웨슬리 지음, "산상설교IX," 한국웨슬리학회 편, 『웨슬리 설교전집 2』(서울:대한기독교서

Yea, if thine eye be not single, if thou seek any of the things of earth, thou shalt be full of ungodliness and unrighteousness, thy desires, tempers, affections, being all out of course, being all dark, and vile, and vain. And thy conversation will be evil as well as thy heart, not 'seasoned with salt', or 'meet to minister grace unto the hearers', but idle, unprofitable, corrupt, grievous to the Holy Spirit of God. -Albert C. Outler, 「The Works of John Wesley-vol.1」, Abingdon Press, 1984, p.616.

회, 2006), p.225.

믿음의 눈으로

시력에는 세 가지가 있습니다. 첫째가 육체적 시력입니다. 눈으로 볼 수 있는 능력을 말합니다. 둘째는 정신적 시력입니다. 생각으로 볼 수 있는 능력입니다. 무엇이 옳고 그른지 비판하는 능력, 합리적으로 사물을 판단하고 이해할 수 있는 총명함을 말합니다. 셋째는 영적 시력입니다. 하나님의 관점으로, 믿음의 눈으로 볼 수 있는 능력을 말합니다.

미국의 우주비행사 에드윈 올드린(Edwin Aldrin)이 헝가리의 한 대학을 방문하여 이런 이야기를 했습니다. "달나라에 첫발을 디뎠을 때, 저도 모르게 '할렐루야'를 외쳤습니다. 하나님이 정말로 가까이 느껴졌습니다." 강연을 듣고 있던 어느 대학생이 그에게 물었습니다. "소련의 유리 가가린(Yurii Alekseevich Gagarin, 1934~68)은 우주에 가서도 하나님을 못 보았다고 했는데, 당신은 어떻게 하나님을 보았다고 하십니까?" 그러자 그는 "마음이 청결한 자만이 하나님을 볼 수 있습니다.(마 5:8) 마음의 눈으로, 영의 시각으로 하나님을 볼 수 있는 것입니다."라고 대답했습니다. 두 우주비행사는 같은 우주를 보았습니다. 그러나 믿음을 가진 에드윈의 눈에는 모든 것이 하나님의 창조물로 보였습니다.

마가복음 5장에 보면 열두 해 동안 혈루증을 앓던 여인이 나옵니다. 수많은 사람들이 예수님을 보기 위해 몰려와 예수님 곁을 에워쌌습니다. 그들은 예수님을 구경했습니다. 그런데 열두 해 동안 혈루증을 앓던 여인은 예수님이 구경의 대상이 아니었습니다. 예수님을 만나야 했고, 예수님을 만나면 병을 고칠 수 있다는 확신이 있었습니다. 그래서 예수님 앞에는 못 가더라도 뒤편에서 옷자락만 만져도 나을 수 있다는 믿음과 용기를 가졌습니다. 결국 여인은 병 고침을 받았습니다. 다른 사람에게 예수님은 단지 구경거리였지만 그 여인에게 예수님은 구세주였습니다.

마가복음 10장에 보면 맹인 바디매오 이야기가 나옵니다. 바디매오는 거리에 앉아 구걸을 하고 살았습니다. 마가복음 1장부터 보면 예수님에 대한 수많은 이야기가 나오는데 바디매오도 예수님에 관한 이야기를 들었습니다. 그러던 어느 날 "나사렛 예수"라는 소리를 들었습니다. 나사렛 동네에 산다는 예수라는 사람을 보기 위해 많은 사람들이 구경 갔습니다. 그런데 바디매오는 앞을 볼 수 없으니 귀로만 예수님에 대해 들었을 뿐입니다. 그때 바디매오는 "다윗의 자손 예수여"라고 외쳤습니다. 메시아, 구원자, 나를 살려 주실 분, 내 문제를 해결해 주실 분이라고 외쳤습니다. 사람들이 바디매오에게 시끄럽다고 조용히 하라고 했습니다. 그러나 바디매오는 실망하지 않고 더 크게 소리 질렀습니다. 다른 사람들은 단지 예수님을 구경하는 것으로 만족했지만, 바디매오에게는 구경할 시간이 아니었습니다. 그 시간에 구세주 예수를 만나야 했던 것입니다.

하나님의 마음을 아는 사람은 하나님의 관점으로 모든 것을 볼 수 있는 영적 시력을 가진 사람입니다. 창세기 13장에 보면 아브라함과 롯은 같이 살기가 힘들게 되어 서로 떨어져 살기로 했습니다.(창 13:6) 그때 아브라함과 롯은 같은 곳에 있었지만 서로 다른 곳을 바라보았습니다. 롯은 눈을 들어 요단 지역부터 소알까지 보았습니다.(창 13:10) 그런데 그 땅은 물이 넉넉하고 살기 좋아 보였지만, 소돔과 고모라가 있는 곳이었습니다. 하나님 보시기에는 좋지 않은 땅이었습니다.(창 13:13) 그러나 아브라함은 하나님이 복 주기로 약속한 가나안 땅에 머물렀습니다. 이 사건이 있은 후 아브라함은 하나님이 주신 복을 누리는 삶을 살지만, 롯의 인생은 그렇지 못했습니다. 믿음의 눈으로 보느냐, 그리고 무엇을 보느냐에 따라 삶의 방향이, 그 인생이, 그 결과가 달라지는 것입니다.

민수기 13장에 보면 모세가 각 지파마다 한 명씩 12명을 뽑아 가나안 땅을 정탐하고 오게 합니다. 정탐을 마치고 돌아왔을 때 여호수아와 갈렙을 제외한 10명의 정탐꾼은 "그 땅 거주민은 강하고 성읍은 견고하고 심히 클 뿐 아니라 거기서 아낙 자손을 보았으며"(민 13:28)라고 하였고, "우리는 능히 올라가서 그 백성을 치지 못하리라 그들은 우리보다 강하니라"(민 13:31)고 하였습니다. 그러나 여호수아와 갈렙은 "우리가 두루 다니며 정탐한 땅은 심히 아름다운 땅이라"(민 14:7) 하였고, "그 땅 백성을 두려워하지 말라 그들은 우리의 먹이라 그들의 보호자는 그들에게서 떠났고 여호와는 우리와 함께 하시느니라 그들을 두려워하지 말라"(민 14:9)고 하였습니다. 12명은 같은 땅을 보았고 그곳에서 40일

동안 머물다 왔습니다. 똑같은 사람들을 만나고 똑같은 것을 보고 왔습니다. 그러나 10명의 사람과 여호수아와 갈렙 두 사람의 생각은 전혀 달랐습니다.

다수결의 원칙에 의하면 열 사람의 생각대로 해야 합니다. 어떤 분이 "오늘 한국교회의 문제는 다수결의 원칙이 문제"라고 하였습니다. 하나님의 뜻을 사모하고 하나님의 말씀대로 기도하고 하나님의 응답을 받고 결정한 사람보다 감정과 지식과 경험으로 판단하는 다수 때문에 문제라는 것입니다. 성경 말씀은 민주주의(民主主義)를 가르치지 않습니다. 신주주의(神主主義)를 가르칩니다. 다수결의 원칙에 의하면 10 대 2로 여호수아와 갈렙이 지는 것입니다. 12명은 같은 땅을 보았습니다. 그러나 여호수아와 갈렙은 믿음의 눈으로 보았습니다.

오늘 여러분도 마찬가지입니다. 똑같은 세상과 환경에 살고 있습니다. 그런데 믿음의 눈으로 보느냐 아니냐에 따라 달라지는 것입니다. 히브리서 12장 2절에 "믿음의 주요 또 온전하게 하시는 이인 예수를 바라보자"고 하였습니다. 영적인 눈으로 보는 것은 육적인 눈과 이성적인 눈으로 보는 것과 차원이 다릅니다. 예수만 바라보는 사람은 영적인 눈을 가졌기에 모든 일에서 하나님의 뜻을 발견할 수 있습니다.

세상 사람들은 신앙을 가진 우리 삶의 방식을 이해하지 못합니다. 왜냐하면 그들은 그들의 관점으로 우리를 보기 때문입니다. 우리는 차원이 다른 세계를 살아가는 사람들입니다. 그러므로 세상 사람들이 비웃거나 비난해도 믿음의 눈을 가지고 당당하게 사시기 바랍니다. 이런저런 문제 때문에 눈물 흘리는 분이 계십니다. 한숨 쉬는 분들이 계십니다. 그러나 "내가 산을 향하여 눈을 들리라 나의 도움이 어디서 올까 나의 도움은 천지를 지으신 여호와에게서로다"(시 121:1~2)라는 고백이 여러분의 것이 되시기를 바랍니다. 하나님은 우리를 실족하지 않게 하십니다.(시 121:3) 졸지도, 주무시지도 아니하십니다.(시 121:4) 낮의 해도, 밤의 달도 우리를 해치지 못합니다.(시 121:6) 하나님은 우리로 하여금 환난을 면하게 하시며 우리의 영혼을 지키심을(시 121:7), 우리의 출입을 영원까지 지키심을(시 121:8) 믿으시기 바랍니다.

한눈팔지 마십시오!

그런데 예수님만 바라봐야 할 우리가 때로는 한눈을 팔 때가 있습니다. 하나님이 아닌 세상의 것을 의지할 때가 많습니다. 그래서 예수님은 이렇게 말씀하셨습니다. "한 사람이 두 주인을 섬기지 못할 것이니 혹 이를 미워하고 저를 사랑하거나 혹 이를 중히 여기고 저를 경히 여김이라."(마 6:24) 하나님이 아닌 것에 마음을 두는 사람은 하나님을 온전한 주인으로 모시지 못한 사람입니다.

열왕기하 17장에 보면 호세아가 이스라엘의 왕이었을 때, 앗수르 왕이 그 땅을 점령하여 이스라엘 백성을 포로로 데려갔습니다. 그리고 사마리아 여러 도시에 다른 이방 민족들을 살게 이주시켰습니다. 그런데 그들은 사마리아에 살면서 자기 민족의 신을 섬기며, 하나님께도 예배를 드렸습니다.(왕하 17:3) 겉으로는 하나님을 경외하는 것 같았지만, 자기들의 신들도 같이 섬겼기 때문에 온전히 하나님을 경외한 것이 아니었습니다.

요즘 예수 믿는다며 교회에 출석하는 분들 중에도 사마리아에 살던 이방 사람들같이 신앙생활을 하는 분들이 있습니다. 하나님께 예배를 드립니다. 그러나 동시에 '자기들이 최고로 여기는 신들'도 섬깁니다. 예수 믿는다고 하면서 점 보고, 토정비결 보고, 이사 가는 날도 손 없는 날을 정하여 이사합니다. 돈, 칭송, 재미, 취미, 친구, 운동, 이런 것들도 하나님보다 더 귀하다고 생각하여 따르는 것들이 있습니다. 이런 것이 바로 두 주인을 섬기는 사람들의 모습입니다.

신앙생활하다 보면 우리의 눈이 딴 곳으로 향할 때가 있습니다. 그러다 보면 다른 곳에 시선을 뺏겨 결국에는 하나님을 온전히 볼 수 없게 됩니다. 특별히 우리를 한눈팔게 하는 것 중에 가장 강력한 것이 '재물', '돈'입니다. 그래서 예수님도 "하나님과 재물을 겸하여 섬기지 못하느니라"(마 6:24)고 하셨습니다. 예수님이 말씀하신 재물은 맘몬(Mammon)으로 이방신의 하나입니다. 맘몬은 재물을 주재하는 신으로 여겨집니다. 그러나 성경에서는 이 낱말을 금이나 은이나 돈으로 살 수 있는 안락이나 명예나 쾌락 등에 대해서도 씁니다.

우리의 영적 시선을 빼앗아 하나님으로부터 멀어지게 유혹하는 모든 것들은 다 재물과 관련이 있다 해도 과언이 아닐 것입니다. 우리를 아프게 하고, 힘들게 하고, 괴롭게 하는 문제의 배경에는 많은 부분 '재물'과 관련되어 있음을 부인할 수 없습니다. 돈이 없기 때문에, 부족하기 때문에 '돈 좀 많았으면…' 하면서 하나님을 원망합니다. 이처럼 영적으로 병들게 하는 가장 큰 원인이 바로 '재물'입니다.

여러분은 얼마를 가져야 부자라고 생각하십니까? 10억? 100억? 한 조사에 따르면 100억 원 이상을 가진 부자 10명 가운데 8명은 스스로 부자가 아니라고 생각한답니다. 한국 부자들의 평균자산은 144억 원이지만 그들이 원하는 재산규모는 평균 237억 원이었습니다. 그런데 어느 은행 연구소의 발표에 따르면 현금자산이 10억 원 이상 있으면 부자에 속한다고 합니다.

미국 실리콘 밸리(세계 소프트웨어 산업의 중심지)의 디지털 엘리트들은 기발한 아이디어와 행운이 겹쳐 많은 부를 축적하였습니다. 그럼에도 불구하고 그들은 하루 12시간 이상, 주말에는 10시간 이상 일을 하고 있습니다. 그들이 지금도 독하게 일을 하는 이유는 단 하나입니다. 더 큰 부자들과 가까이 살면서 느끼는 상대적인 빈곤감 때문이라고 합니다.

그런데 돈 벌기가 쉽지 않습니다. 농부들이 농사짓는 것도, 공장에서 기계 돌리는 것도, 식당에서 음식을 만들고 서빙하는 것도, 그 어떤 일도 쉬운 것이 없습니다. 그러나 열심히 최선을 다해 정직하게 많이 버시기 바랍니다. 그래서 하나님께 많이 드리고, 이웃과도 넉넉히 나누고, 자신도 풍족히 살면 좋은 것입니다. 그러나 하나님보다 돈을 더 의지하며 '돈이면 다 된다'는 착각에 빠져 돈을 벌려고 하면 그것은 큰 문제입니다. 하나님을 제대로 섬기지 못할 뿐더러 재물이라는 주인까지도 섬기려는 잘못된 시도입니다. 하나님을 섬긴다는 것은 하나님을 믿는다는 것입니다. 하나님을 믿는다는 것은 하나님 없이는 아무것도 할 수 없으며, 하나님의 도우심 없이는 하나님을 절대로 기쁘시게 할 수 없다는 것을 의미합니다. 또한 하나님을 행복의 근원으로 인정하고, 모든 일이 하나님의 섭리 가운데 있다는 것을 받아들이는 태도입니다.

그러므로 하나님을 믿는다는 것은 그를 우리의 능력으로 신뢰하여 그 없이 우리는 아무것도 할 수 없으며 그가 위로부터 분초마다 힘을 주시기 때문에 그의 도우심이 아니면 우리는 그를 절대로 기쁘시게 할 수 없다는 사실도 포함합니다. 이와 동시에 이것은 또한 우리로 하여금 하나님이 환난 때의 우리의 도움이 되시고, 우리를 보호하시어 구원의 노래가 우리의 입가에서 흘러나오게 하시는 분이시며 또한 그를 우리의 방패와 수호자와 우리를 둘러싼 모든 원수 위에 우리의 머리를 들게 하시는 분으로 신뢰하게 하는 분임을 뜻합니다. 하나님을 믿는다는 것

And thus to believe in God implies to trust in him as our strength, without whom we can do nothing, who every moment endues us with power from on high, without which it is impossible to please him; as our help, our only help in time of trouble, who compasseth us about with songs of deliverance; as our shield, our defender, and the lifter up of our head above all our enemies that are round about us. It implies to trust in God as our happiness; as the centre of spirits, the only rest of our souls; the only good who is adequate to all our capacities, and sufficient to satisfy all the desires he hath given us. It implies (what is nearly allied to the other) to trust in God as our end; to have an eye to him in all things; to use all things only as means of enjoying him; wheresoever we are, or whatsoever we do, to see him that is invisible, looking on us well-pleased, and to refer all things to him in Christ Jesus. -Albert C. Outler, 「The Works of John Wesley-vol.1」, Abingdon Press, 1984, p.635.

은 동시에 하나님을 우리의 행복으로서, 모든 영의 주체로서, 우리 영혼 유일의 안식처로서, 우리가 가진 전 재능을 충족케 할 최상의 선이시며, 하나님이 주신 모든 욕망을 만족케 하시기에 부족함이 없는 분으로 또한 인정하는 것이기도 합니다. 이것은 또한 하나님을 나의 생의 목적으로 삼아 모든 일에 그만을 앙망하며, 모든 사물을 하나님을 즐거워하는 수단으로 삼으며, 우리가 어디 있든지, 무엇을 하든지, 거기에서 보이지 않는 하나님이 나를 굽어 보살피고 계심을 느끼며, 그리스도 예수 안에서 모든 일이 그의 섭리에 의하는 것임을 인정하는 태도를 뜻합니다. –존 웨슬리 지음, "산상설교Ⅸ," 한국웨슬리학회 편, 『웨슬리 설교전집 2』(서울:대한기독교서회, 2006), pp.248~249.

재물을 섬긴다는 것은 부와 돈으로 살 수 있는 모든 것을 자신의 힘으로 여기는 것입니다. 재물을 인생의 유일한 목표로 삼는 것입니다. 또한 거기에 행복이 있을 줄 믿고, 인생의 기쁨과 즐거움이 풍성한 소유에 있음을 믿는 것입니다.

오직 하나님만 바라보는 눈

하나님은 우리에게 모든 것을 맡기라고 하셨습니다. 부모가 자식에게 서운할 때가 언제입니까? 자식이 부모 마음을 몰라줄 때입니다. 하나님도 마찬가지입니다. 우리가 하나님을 믿지 못하고 맡기지 못하고 걱정, 근심, 염려하며 다른 것을 의지할 때 하나님은 그런 우리를 안타까워하실 것입니다. 하나님 한 분만으로 만족하고, 하나님 한 분만 섬겨야 합니다. 이것이 이 세상을 살아가는 우리가 가져야 할 유일한 생활철학입니다.

따라서 우리는 모든 일에 먼저 하나님 나라와 하나님의 뜻을 구해야 합니다. 이것이 우선되어야 할 원칙입니다. 세상의 다른 일에 대해 염려하고 마음을 쓰기 전에 하나님만이 우리의 관심의 초점이 되게 해야 합니다. 하나님이 우리 마음속을 다스리시고, 오만한 생각을 제거하시도록 전력을 다해야 합니다.

"너희는 먼저 그의 나라를 구하라." 세상의 다른 일에 대해 염려하고 마음을 쓰기 전에 독생자를 주셔서 그를 믿음으로 멸망하지 않고 영생을 얻게 하신 주 예수 그리스도의 아버지이신 하나님만이 우리의 관심의 초점이 되게 하고, 그가 우리 마음속에서 다스리고 오만한 생각을 제거하시도록 전력하여야 할 것입니다. 그리하여 하나님이 우리 마음 전체를 소유하시게 하여 그가 우리의 유일한 욕망이요, 기쁨이요, 사랑의 대상이 되게 하며, 이로 인하여 나의 전 존재로 하여금 전능의 하나님이 통치하신다고 외치게 하십

'Seek ye first the kingdom of God.' Before ye give place to any other thought or care let it be your concern that the God and Father of our Lord Jesus Christ, who 'gave his only-begotten Son, to the end that believing in him, ye might not perish, but have everlasting life', may reign in your heart, may manifest himself in your soul, and dwell and rule there; 'that he may cast down every high thing which exalteth itself against the knowledge of God, and bring into captivity every thought to the obedience of Christ.' Let God have the sole dominion over you. Let him reign without a rival. Let him possess all your heart, and rule alone. Let him be your one desire, your joy, your love; so that all that is within you may continually cry out, 'The Lord God omnipotent reigneth.' -Albert C. Outler, 「The Works of John Wesley-vol.1」, Abingdon Press, 1984, p.642.

시오. -존 웨슬리 지음, "산상설교IX," 한국웨슬리학회 편, 『웨슬리 설교전집 2』(서울:대한기독교서회, 2006), p.257.

　사랑하는 여러분! 여러분이 가진 영의 눈은 무엇을 보고 계십니까? 베드로가 예수님만 바라볼 때는 물 위를 걸었습니다. 하지만 거센 바람이 불어오고, 바람이 만들어 내는 파도를 보자 베드로는 무서움에 사로잡혀 물에 빠지게 되었습니다.(마 14:30) 생명의 주인 되신 하나님만 바라보지 않고 세상의 바람과 파도를 느끼면 그 순간 우리는 바다에 빠지게 됩니다. 이 모든 것을 너희에게 더하시겠다는 약속도 믿지 못하고(마 6:33) 내일 일에 대한 염려에 급급하다면(마 6:34) 하나님이 얼마나 서운하시겠습니까? 우리 하나님은 어둠 속에서도 밝은 빛을 비춰 주시고 작은 신음에도 응답하시는 분이십니다. 어느 곳에 있든지 주를 향하고 주만 바라보는 영의 눈을 가진 여러분이 되시기를 간절히 바랍니다.

하나님 아버지! 감사합니다.

어둠 속에서도 밝은 빛을 주시고

우리의 작은 신음에도 응답하시는 하나님,

주만 바라보며 사는 믿음의 승리자들이 되게 하여 주옵소서.

예수님, 예수님, 예수님 부르고

예수님의 이름으로 기도하는 것 같지만

삶의 현장에서 예수님을 잊을 때가 많음을 고백합니다.

주님 의지하고 사는 믿음의 승리자가 되게 하여 주옵소서.

예수님의 이름으로 기도하옵나이다.

아멘.

『존 웨슬리』 설교 시리즈 **8**

믿음으로 세워진 율법
The Law Established
Through Faith I

But the truth lies between both. We are, doubtless, justified by faith. This is the corner-stone of the whole Christian building. We are justified without the works of the law, as any previous condition of justification: but they are an immediate fruit of that faith whereby we are justified. So that if good works do not follow our faith, even all inward and outward holiness, it is plain our faith is nothing worth: we are yet in our sins. Therefore, that we are justified by faith, even by our faith without works, is no ground for making void the law through faith: or for imagining that faith is a dispensation from any kind or degree of holiness.

그런즉 우리가 믿음으로 말미암아 율법을 파기하느냐 그럴 수 없느니라
도리어 율법을 굳게 세우느니라

로마서 3장 31절

> **현대는** 다양성의 시대입
니다. 사람마다 성격이 다르고 생각이 다른 만큼 한 가지 품목의
상품에도 다양한 종류의 제품이 존재합니다. 라면을 하나 사려고
해도 얼마나 종류가 많은지, 무엇을 먹을지 고민하게 됩니다. 성
경도 마찬가지입니다. 예전에는 '성경' 하면 개역한글판(1961년 발
행)밖에 없는 줄 알았지만 지금은 개역개정 성경, 표준새번역 성
경, 새번역 성경, 쉬운 성경, 우리말 성경, 현대인의 성경 등 다
양한 계층의 다양한 신앙인들을 위한 성경이 많습니다. 그런데
어느 성경이든지 맨 앞장과 뒷장은 거의 같은 내용으로 채워져
있습니다. 앞면지에는 주기도문과 사도신경이, 뒷면지에는 십계
명이 실려 있습니다.

대부분의 그리스도인들이 주기도문과 사도신경은 암기하고 있
습니다. 그러나 십계명을 순서에 맞게 정확히 기억하는 사람은
드뭅니다. 하나님으로부터 주어진 가르침을 '율법'(torah, תורה)이
라고 하는데 그 율법의 대표적인 예가 십계명입니다. 하지만 현
대의 많은 신앙인들은 '율법'에 대해 부정적인 생각을 갖고 있습

니다. 그래서 율법을 이야기하고 율법을 강조하면 그릇된 시각으로 바라보기도 합니다.

그리스도인은 율법이 아니라 믿음으로 구원받은 사람들입니다. 사도 바울은 로마서를 시작하면서 이렇게 전했습니다. "내가 복음을 부끄러워하지 아니하노니 이 복음은 모든 믿는 자에게 구원을 주시는 하나님의 능력이 됨이라."(롬 1:16) 누구든지 예수를 믿으면 구원 받고 멸망 없이 영생을 얻습니다.(요 3:16) 베드로는 또 이렇게 가르쳤습니다. "다른 이로써는 구원을 받을 수 없나니 천하 사람 중에 구원을 받을 만한 다른 이름을 우리에게 주신 일이 없음이라."(행 4:12)

하나님은 예수 그리스도의 피로 우리 죄를 사하셨습니다. 그래서 예수 그리스도를 믿으면 우리는 의롭다 함을 얻게 됩니다. 죄인인 우리가 하나님의 은혜로 의인이라 인정받는 것을 '칭의(justification)'라고 합니다. 그리스도인은 '의롭다'고 인정받는 길이 율법적 행위에 있지 않고 믿음에 있다는 사실을 믿는 사람들입니다.

하나님께서 그의 의를 나타내 보이시려고 그리스도를 세워 그의 피로 속죄의 제물을 삼으시고, 그리스도를 믿는 믿음의 길을 통하여 죄 사함을 얻게 하셨습니다. 하나님께서 의로우실 뿐 아니라 예수

the glorious image of God wherein they were created: And all (who attain) 'are justified freely by his grace, through the redemption that is in Jesus Christ; whom God hath set forth to be a propitiation through faith in his blood; ··· that he might be just, and yet the justifier of him which believeth in Jesus'; that without any impeachment to his justice he might show him mercy for the sake of that propitiation. 'Therefore we conclude' (which was the grand position he had undertaken to establish) 'that a man is justified by faith, without the works of the law.' (Verses 20-28.) -Albert C. Outler, 「The works of John Wesley-vol. 2」, Abingdon Press, 1986, pp.20~21.

를 믿는 사람들까지 의롭다 함을 얻게 하기 위한 것입니다. 또한 하나님의 공의에 대한 어떤 의혹과도 별도로 그 속죄 제물을 위하여 하나님이 인간에게 자비를 보이시기 위한 것입니다. 그러므로 "사람이 의롭다 함을 얻는 길이 율법적 행위에 있는 것이 아니라 믿음에 있다는 것을 우리는 확신합니다."(이 확신은 바울의 대전제입니다. 롬 3:20-28) -존 웨슬리 지음, "믿음으로 세워진 율법," 한국웨슬리학회 편, 『웨슬리 설교전집 2』(서울:대한기독교서회, 2006), pp.350~351.

그러나 믿음으로 의인이 될 수 있다고 해서 율법이 아무 소용이 없는 것은 아닙니다. 바울은 이렇게 말했습니다. "그런즉 우리가 믿음으로 말미암아 율법을 파기하느냐 그럴 수 없느니라 도리어 율법을 굳게 세우느니라."(롬 3:31)

복음을 전하기 위한 율법

팔다리를 다쳤다거나 목이나 허리에 통증이 있을 때 병원에 가면 정확한 진단과 처방을 내리기 위해 엑스레이(X-ray) 사진을 찍어서 어디에 어떤 이상이 있는지를 확인합니다. 하지만 엑스레이 사진을 찍는 것만으로는 병을 고칠 수 없습니다. 엑스레이의 역할은 아픈 곳을 확인시켜 주는 것으로 끝이기 때문입니다. 율법이 꼭 그렇습니다. 율법의 목적은 사람들로 하여금 죄를 깨닫게 하는 것입니다. 그러나 율법은 거기까지입니다. 엑스레이가 아픈 곳을 분명히 알려주지만 그곳을 치료해 주지는 못하는 것처럼 율법은 우리가 죄인임을 보여 주지만 죄를 없애지는 못합니다.

우리가 죄에서 자유로워질 수 있는 것은 예수 그리스도, 우리 죄를 대신해 죄 값을 치르고(롬 6:23) 십자가에서 죽으신 하나님의 아들을 믿을 때에만 가능합니다. 예수님은 "건강한 자에게는 의사가 쓸 데 없고 병든 자에게라야 쓸 데 있느니라"(마 9:12)고 하셨습니다. 건강한 사람이 의사를 필요로 하지 않는 것처럼 스스로 건강하다고 생각하는 사람들도 의사를 필요로 하지 않기는 마찬가지입니다. 그러므로 예수 그리스도를 전하기 위해서는 모든 사람이 죄인이라는 사실을 깨닫게 해주어야 합니다. 그렇지 않으면 우리가 아무리 최선을 다해 복음을 전해도 복음(福音)을 정말 복된 소식으로 생각하지 않기 때문입니다.

바울은 세 차례에 걸쳐 전도여행을 하면서 수많은 사람들에게 복음을 전한 하나님의 일꾼이었습니다. 하지만 모든 사람에게 동일한 방법으로 복음을 전하지는 않았습니다. 빌립보에서 복음을 전하다가 감옥에 갇히게 된 바울은 함께 갇힌 실라와 밤중까지 기도했습니다. 그러자 큰 지진이 났고 감옥 문이 열렸습니다. 그 때 거기 있던 간수는 두려워하며 바울에게 물었습니다. "선생님! 내가 어떻게 해야 구원을 받겠습니까?" 그러자 바울이 답했습니다. "주 예수님을 믿으십시오. 그러면 당신과 당신의 집안이 구원을 얻을 것입니다."(행 16:31/ 쉬운성경)

자신의 죄를 인정하고 죄를 뉘우친 사람에게 할 수 있는 말, 해야 되는 말은 '예수 믿으십시오!' 라는 한마디입니다. 이것보다 분명한 복음은 없습니다.

하지만 아덴에서의 바울은 달랐습니다. 온갖 미신과 우상을 섬기면서도 무엇이 잘못되었고 무엇이 죄인 줄 몰랐던 아덴 사람들에게 바울은 이렇게 설교했습니다. "하나님께서…온 세상 사람들에게 회개하라고 명령하십니다. 하나님께서는 자기가 정하신 한 사람을 시켜 온 세상을 의롭게 심판하실 날을 정하셨습니다." (행 17:30~31/ 쉬운성경) '나는 아무런 문제가 없습니다.' '천국? 영생? 그런 것 필요 없습니다.' '세상에서 즐겁게 살다 가면 그만입니다.'라고 말하는 교만한 사람들에게는 옳고 그름이 무엇인지, 죄의 결과가 얼마나 참혹한지, 장차 올 심판이 무엇인지에 대해 이야기하면서 그들도 구원받아야 할 사람임을 깨닫게 해주어야 합니다.

항해 중인 선장이 배가 암초를 향해 가고 있는 것을 알았다면 그 위기 상황을 어떻게 피하겠습니까? 엔진을 정비하거나 승객들에게 물 퍼낼 준비를 시키면 될까요? 선장은 재빨리 명령을 내려 배의 방향을 돌려야 합니다. 우리가 죄인임을 드러내는 하나님의 말씀은 죄인으로 하여금 위험한 암초에서 방향을 돌려 안전한 항구로 가게 하는 긴급 요청입니다. 아니 명령입니다. 배의 키를 돌리면 배 전체가 방향을 바꾸듯이 마음의 변화는 삶의 변화를 가져옵니다.

예수 그리스도를 전하는 것, 물론 십자가의 은혜와 그것을 믿는 자에게 허락된 영생을 전하는 것이 중요합니다. 그러나 그것이 전부는 아닙니다. 예수께서 말씀하신 경고, 예수께서 지키라고 하신 명령, 예수께서 설명하신 장차 올 심판까지 복음을 전하는 사람은 성경에 기록된 모든 것을 전할 수 있어야 합니다. 그래서 하나님의 말씀을 들어야 합니다. 믿음은 들음에서 나기 때문입니다.(롬 10:17) 하나님의 말씀을 배워야 합니다. 배워야 확신한 일에 거할 수 있기 때문입니다.(딤후 3:14)

믿음의 열매로서의 율법

예수 믿어 구원받은 우리는 죄로부터 자유로운 사람들입니다. 행위가 아니라 은혜의 언약 아래에 있기 때문에 선한 행동이나 종교적 의식에 얽매일 필요가 없는 사람들이 그리스도인입니다. 그러나 믿음으로 얻은 자유라 해도 성도로서 성결한 삶을 살 필요가 없음을 의미하지는 않습니다. 그리스도인의 자유가 하나님께 순종할 필요도 없고 거룩한 성도의 삶을 살아갈 필요도 없다는 뜻이 아닙니다. 자기 마음대로 살 수 있는 무제한의 자유를 말하는 것이 아닙니다. 만약 그렇게 알고 있다면 그리스도인의 자유라는 말을 잘못 이해한 것입니다.

그리스도를 믿는 믿음이 그의 율법을 지킬 필요성을 전적으로 배제한다고는 판단하지 않는다 할지라도 이와 같은 샛길로 빠져드는 모든 사람들은 이렇게 상상을 합니다. 즉 (1) 그리스도가 오시기 전보다 이제는 성결이 덜 필요하다든가, (2) 성결의 필요성

All those are drawn into this by-way who, if it be not settled judgment that faith in Christ entirely sets aside the necessity of keeping his law, yet suppose either, (1), that holiness is less necessary now than it was before Christ came; or, (2), that a less degree of it is necessary; or, (3), that it is less necessary to believers than to others. Yea, and so are all those who, although their judgment be right in the general, yet think they may take more liberty in particular cases than they could have done before they believed. Indeed, the using the term *liberty* in such a manner, for 'liberty from obedience or holiness' shows at once that their judgment is perverted, and that they are guilty of what they imagined to be far from them; namely, of 'making void the law through faith', by supposing faith to supersede holiness.

The first plea of those who teach this expressly is that we are now under the covenant of grace, not works; and therefore we are no longer under the necessity of performing the works of the law. -Albert C. Outler, 「The works of John Wesley-vol. 2」, Abingdon Press, 1986, pp.26~27.

은 그 정도가 낮다든가, (3) 믿지 않는 사람들보다 믿는 사람들에게는 그것이 덜 필요하다고 하는 생각입니다. 그렇습니다. 이들뿐 아니라 이 샛길로 빠져드는 사람들이 또 있습니다. 일반적으로는 그들의 판단이 옳을지라도 그들이 믿기 전보다 여러 가지 특수한 경우에 더 많은 자유를 누릴 수 있다고 생각하는 사람들이 곧 그들입니다. 순종과 성결로부터의 자유가 그리스도인의 자유라고 하는 그들의 판단은 잘못된 것입니다. 그들은 그리스도인의 자유라는 말을 잘못 사용함으로써, 그들은 믿음이 성결을 대신한다고 생각하여 믿음으로 율법을 무용하게 하는 죄를 짓고 있는 것입니다.

이런 것을 주장하는 사람들의 첫째 항변은 우리가 이제는 행위가 아니라 은혜의 언약 아래에 있기 때문에 율법의 행위를 해야 할 필요성에 더는 묶일 필요가 없다는 것입니다. -존 웨슬리 지음, "믿음으로 세워진 율법," 한국웨슬리학회 편, 『웨슬리 설교전집 2』(서울: 대한기독교서회, 2006), p.359.

고려대학교 경영학과 교수이자 기독교 가정사역원을 운영하는 분이 한 기업체에 가서 그곳에서 일하는 사람들의 의식을 연구했습니다. 직원들에 대한 자료를 컴퓨터에 입력해 분석해 보면 그 사람이 여자인지 남자인지, 교육을 많이 받은 사람인지 적게 받은 사람인지, 생산 부서에서 일하는지 영업 부서에서 일하는 사람인지에 따라 일을 처리하는 성향이나 사람을 대하는 태도에 차이를 보였답니다. 그런데 종교가 기독교인가 아닌가를 구별해 분석하면 아무런 차이도 나타나지 않았다고 합니다. 신앙생활하는 사람들과 그렇지 않은 사람들의 삶이 분명 구별되어야 하는데 별반 다를 것이 없었다는 것입니다.(김인수, 『부끄러울 것 없는 일꾼으로』)

여러분은 직장에서 그리스도인으로 사십니까? 집에서 또 이웃 사람들과의 관계에서 그리스도인임을 드러내십니까? 사업을 하거나 장사하는 분들은 예수 믿는 손님이 좋습니까, 예수 안 믿는 손님이 좋습니까? 일터에서, 삶의 현장에서 진짜 그리스도인으로 사는 사람이 많지 않습니다. 믿음으로 구원받은 성도라면 구원받은 사람으로서 삶의 열매가 맺혀야 합니다. 율법에 어긋나지 않는 거룩한 삶은 그리스도인이 누리는 죄 사함과 구원, 영원한 생명의 열매입니다. 다시 말해서 착한 행실과 경건한 행동으로 구원받는 것은 아니지만 구원받은 성도라면 선행과 성도다운 삶으로 하나님의 자녀로서의 정체성을 드러내야 합니다.

그러나 진리는 그 둘 사이에 있습니다. 의심할 것 없이 우리는 믿음으로 의롭다 함을 얻습니다. 이것은 전체 기독교적 구조의

존 웨슬리의 위대한 유신

But the truth lies between both. We are, doubtless, 'justified by faith'. This is the corner-stone of the whole Christian building. 'We are justified without the works of the law', as any previous condition of justification; but they are an immediate fruit of that faith whereby we are justified. So that if good works do not follow our faith, even all inward and outward holiness, it is plain our faith is nothing worth; we are yet in our sins. Therefore, that we are 'justified by faith', even by 'faith without works', is no ground for 'making void the law through faith;' or for imagining that faith is a dispensation from any kind or degree of holiness. -Albert C. Outler, 「The works of John Wesley-vol. 2」, Abingdon Press, 1986, pp.27~28.

머릿돌입니다. 우리는 칭의의 어떤 이전 조건으로서의 율법의 행위 없이 의롭다 함을 얻습니다. 다만 그와 같은 율법의 행위는 우리가 의롭다 함을 얻게 하는 믿음에 즉각적으로 따라오는 열매입니다. 그렇기 때문에 선행(good works)이 우리의 믿음 그리고 심지어는 모든 내적이나 외적인 성결의 결과에 따라서 나타나지 않는다면, 우리의 믿음은 가치가 없는 것일 뿐만 아니라 우리가 아직도 죄 가운데 있다는 것이 명백합니다.(고전 15:17) 그러므로 우리가 믿음으로 의롭다 함을 얻는 사실, 심지어는 행위 없이도 믿음으로 의롭다 함을 얻는 사실은 믿음으로 율법을 무용하게 만들 수 있는 그 어떤 근거도 되지 않습니다. 뿐만 아니라 믿음으로 다 되었으니 그 어떤 성결도 필요 없다는 주장의 근거도 되지 않습니다. -존 웨슬리 지음, "믿음으로 세워진 율법," 한국웨슬리학회 편, 『웨슬리 설교전집 2』(서울:대한기독교서회, 2006), p.361.

율법이 아닌 은혜 아래서

바울은 로마서 말씀을 통해 분명하게 가르쳤습니다. "그런즉 어찌하리요 우리가 법 아래에 있지 아니하고 은혜 아래에 있으니 죄를 지으리요 그럴 수 없느니라."(롬 6:15) 풀어 말하면 이렇습니다. "그러면 어떻게 해야 하겠습니까? 우리가 율법 아래 있지 않고 은혜 아래 있다고 해서 죄를 짓자는 말입니까? 절대로 그럴 수는 없습니다."(쉬운성경) 율법이 우리를 의롭게 하지는 않습니다. 행위가 우리를 구원하는 것도 아닙니다. 그러나 우리는 율법 아래 있지 않고 은혜 아래 있기 때문에 예수 그리스도의 이름으로 구원받은 성도는 구별된 삶을 살기 위해 노력해야 합니다. 예수님이 가르치고 명령하신 말씀의 법 아래에 있도록 이전과는 다른 삶을 살아야 합니다.

여러분은 먹고 마시는 일에 너무 지나친 관심을 두고 살지는 않습니까? 무엇을 입을까, 어디서 살까? 자랑할 것들만 추구하는 것은 아닌지요? 가족들은 물론이고 일터와 교회에서 만나는 사람들을 칭찬하고 격려하고 축복하는 일에 최선을 다하고 있는지요? 혹시 시시한 잡담이나 한가로운 불평에 열심이지는 않습니까? 다른 사람의 마음을 찌르는 말로 하나님의 영광까지 가리고 있지는 않은지요?

돈이 생기면 어떻게 사용합니까? 우리에게 많은 것을 맡기신 하나님께 불의한 청지기가 될까 두려워한 적이 있는지요? 또 돈을 사용하는 데 신중한 만큼 시간을 쓰는 데도 계획적으로 하시는지요? 다른 사람의 시간을 소중히 여겨 약속을 지키기 위해 힘쓰고 있는지요?

시간의 여유가 있을 때 계획적으로 시간을 보내십니까? 무엇을 하며 보내십니까? 다른 사람과 약속을 하면 약속을 지키기 위해 노력하십니까? 하나님의 말씀을 듣는 일에 얼마나 열심이신지요? 일상의 여러 가지 방해 때문에 예배와 말씀을 멀리하지는 않았는지요? 사업 때문에, 공부 때문에, 만나야 할 사람들 때문에, 혹은 기분이 좋지 않거나 날씨가 험해서, 아니면 잠을 더 자고 싶어서 하나님을 알아가는 일, 하나님과 가까이 하는 일을 뒤로 미루지는 않습니까?

믿음으로 율법을 세우는 삶

구원받은 성도는 구원받은 성도답게 살기 위해 노력해야 합니다. 율법으로부터 자유로운 그리스도인이지만 믿음으로 율법을 세우는 삶을 살기 위해 노력해야 합니다. 그러려면 손해를 볼 때도 있습니다. 아깝지만 버려야 할 것도 있습니다.

2005년 8월 25일 오후 3시 20분에 비행 중이던 인천 발 미국 로스앤젤레스 행 대한항공 B747기 안에서 응급환자가 발생했습니다. 이륙한 지 10분 정도 된 비행기가 강원도 원주 상공을 지날 때였습니다. 어머니 우정아 씨와 함께 탄 이제시카(4) 양이 39도의 고열과 호흡곤란, 발작 등의 증상을 보이며 의식이 혼미해졌습니다. 기내 상황은 기장 이정훈 씨에게 보고됐습니다. 승무원들은 기내방송을 통해 탑승객 가운데 의사를 찾았고 다행히 의사인 라모 씨가 자리에서 일어났습니다. 의사 라 씨는 '기압 차이 때문에 환자 아이의 감기가 악화된 것 같지만 아이의 나이가 어리기 때문에 비행을 지속하는 것보다 치료를 받는 편이 좋을 것 같다.'는 소견을 냈고 기장은 승객들에게 양해를 구한 뒤 기수를 돌렸습니다. 이 기장은 회항 시 랜딩기어가 활주로에 닿을 때 가해지는 충격을 줄이기 위해 비행기의 무게를 줄이려고 72.6톤(4,000여 만 원 어치)의 항공유를 공중에서 버린 뒤 오후 5시 1분 인천공항에 착륙했습니다. 의식을 잃었던 이 양은 공항에 대기 중이던 의료진으로부터 응급조치를 받고 정상을 되찾아 집으로 돌아갔습니다. 그리고 항공기는 다시 기름을 공급받아 오후 6시 3분에 재이륙했습니다. 항공사 측은 그 회항으로 유류비, 이착륙료, 연결승객 관련 경비 등 5천만 원 가량의 추가비용이 발생했지만 인명을 중시한 기장의 결정을 존중한다고 밝혔습니다. 버려진 항공유는 공중에서 증발하기 때문에 해양오염의 우려도 없었다고 합니다.

생명을 살리는 일에는 이처럼 희생이 필요합니다. 수고가 따릅니다. 어떤 때는 귀한 것을 버려야 할 때도 있습니다. 우리가 이 땅에 살며 하나님께 칭찬받는 삶을 살기 위해서는 힘들지만 노력해야 합니다. 율법이 우리의 신앙을 규정하지는 못합니다. 그러나 우리가 믿는 하나님이 우리의 주인이 되었다면 하나님의 자녀 된 우리는 하나님 마음에 합하기 위해 노력해야 합니다.

신앙생활 하는 것은 쉽지 않습니다. '수고하고 무거운 짐진 자들아 다 내게로 오라.'고 해서 왔는데 예배드려야 한다, 기도해야 한다, 성경 보아야 한다, 봉사해야 한다, 헌금 드려야 한다고

존 웨슬리의 위대한 유산

얼마나 시키는 것이 많습니까. 그래도 믿음으로 율법을 세우며
"주 예수와 동행하니 그 어디나 하늘나라"라고 찬송(438장)하면서
하늘 백성으로 살아가는 구원받은 사람답게 사시기를 바랍니다.

전능하신 하나님,
예수 믿는 사람 되게 하신 것을 감사합니다.
구원 받은 사람으로,
하늘 백성으로 하늘 소망 가운데 살게 하신 것을 감사합니다.
어느 곳에 있든지 예배드리며
말씀을 듣게 하신 것도 감사합니다.
힘들고 어려워도 저 높은 곳을 향하여
나가기를 주저하지 않는,
귀한 하늘 백성으로 살게 하여 주시옵소서.
우리를 구원하시기 위하여 십자가의 고난을 받으신
예수님의 거룩하신 이름으로 기도하옵나이다.
아멘.

존 웨슬리의 위대한 유신

『존 웨슬리』 설교 시리즈 **9**

시험으로 겪는 괴로움
Heaviness through
Manifold Temptations

'Having food and raiment.' (indeed the latter word, σκεπα
'σματα. implies lodging as well as apparel) we may, if the
love of God is in our hearts, 'be therewith content.' But what
shall they do who have none of these? Who as it were,
'embrace the rock for a shelter? Who have only the earth to
lie upon, and only the sky to cover them? Who have not a dry,
or warm, much less a clean abode for themselves and their
little ones? No, nor clothing to keep themselves, or those they
love next themselves, from pinching cold, either by day or
night?⋯ But how many are there in this Christian country
that toil and labour, and sweat, and have it not at last, but
struggle with weariness and hunger together? Is it not worse
for one after an hard day's labour to come back to a poor,
cold, dirty, uncomfortable lodging, and to find there not even
the food which is needful to repair his wasted strength? You
that live at ease in the earth, that want nothing but eyes to see,
ears to hear and hearts to understand how well God has dealt
with you, -- is it not worse to seek bread day by day, and
find none?

———

그러므로 너희가 이제 여러 가지 시험으로 말미암아 잠깐 근심하게
되지 않을 수 없으나 오히려 크게 기뻐하는도다

베드로전서 1장 6절

———

> 가끔 예수 믿지 않는 사
람들로부터, 아니 예수 믿는 사람들로부터도 이런 질문을 받습니
다. "왜 예수 잘 믿는 사람들에게 좋지 않은 일이 생깁니까?" 신
앙생활 열심히 하는 분들에게도 한숨 푹푹 쉴 일들이 생깁니다.
모든 사람이 하는 일마다 잘 되고 자녀들도 멋지게 성공하면 좋
으련만, 물론 그렇게 되는 분들도 있지만, 그렇지 않아서 안타까
운 경우도 많이 있습니다.

　하나님은 애굽에서 노예로 고통당하던 이스라엘 백성들을 탈
출하게 하셨습니다. 그러나 그들은 하나님께서 약속하신 땅에 즉
시 들어가지 못했습니다. 길 없는 광야에서 40년 간 방황하였으
며 수많은 시련과 괴로움을 겪어야 했습니다. 하나님은 그들을
가나안으로 가는 가장 빠르고 안전한 길로 인도하시지 않았습니
다. 당시에도 지중해 해안선을 따라가면 가나안에 한 달이면 도
착할 수 있었습니다. 지금은 자동차로 하룻길이면 갈 수 있는 거
리입니다. 그럼에도 하나님은 그 길을 돌아 40년을 광야에서 헤
매게 하셨습니다.

우리도 예수 믿고 새사람 되어 신앙생활 열심히 하면 모든 일이 잘 될 것처럼 생각하지만 여러 가지 시련과 고통을 겪습니다. 평탄대로만 걷는 것이 아니며, 평안과 안식만 있는 삶이 아닙니다. 구름기둥과 불기둥으로 하나님의 인도를 받았던 이스라엘 백성들이 광야에서 어려웠던 것처럼 때론 우리도 광야 한가운데에 있기도 합니다.

알 수 없는 시련

시련이 닥치면 그런 일이 왜 나에게 일어나는지, 어떻게 해야 해결할 수 있는지 원인도 해결책도 알 수 없을 때가 있습니다. 그것은 마치 증상은 있지만 원인은 알 수 없는 희귀병과 비슷합니다. 발 저림, 딸꾹질 등 증상이 있을 때 저마다의 민간치료법이 있습니다. 발이 저릴 때 침을 세 번 콧잔등에 묻히면 저림 현상이 없어진다고 하고, 딸꾹질하는 사람을 깜짝 놀라게 하면 딸꾹질이 멈춘다고 합니다. 그런데 딸꾹질이 왜 일어나는지 정확히 알 수 없고, 마땅한 치료법도 없답니다. 왜냐하면 딸꾹질이 일어나는 원인이 너무도 다양하기 때문입니다.

최근 언론을 통해 알려진 희귀병 중에 복합부위통증증후군, 즉 CRPS(Complex Regional Pain Syndrome)라는 병이 있습니다. 보통은 어디에 부딪히거나 다쳤을 때, 처음에만 통증이 심하다가 시간이 지나면 차츰 줄어드는 게 정상입니다. 그런데 이 병에 걸린 사람은 일정 시간이 지나도 좀처럼 통증이 줄어들지 않고 오히려 온몸 전체로 퍼지게 됩니다. 신경계 이상으로 뇌에서 통증을 감지하는 회로가 망가졌기 때문입니다. 처음에는 '시간이 지나면 낫겠지.' 하고 대수롭지 않게 생각하다가 시간이 지날수록 통증이 더 심해져서 결국엔 마약성분이 있는 주사를 맞지 않으면 하루도 살 수 없을 만큼 극심한 고통에 시달리게 됩니다.

그들이 겪는 고통은 진통제 40알을 먹어도 견딜 수 없을 정도이며, 발병자의 대다수가 자살을 생각하거나 시도할 만큼 끔찍한 고통을 겪습니다. 인간이 느끼는 고통 순위에 따르면 암에 의한 통증이 5점, 출산 시 통증이 8점, 손가락 혹은 발가락 절단이 9점, 몸이 불에 탈 때의 고통이 10점이라고 합니다. 그런데 복합부위통증증후군 환자들이 느끼는 통증이 10점에 해당된다고 하니 얼마나 괴로울지 상상조차 할 수 없습니다. 문제는 왜 이런 병이 생기는지, 어떻게 해야 치료할 수 있는지 알 수 없다는 것입니다. 현재로서는 그저 고통을 완화시켜 주는 수준의 치료만 가능하다고 합니다.

병에 걸렸어도 원인을 알고 그에 맞는 치료를 받을 수 있다면 그것은 감사의 조건입니다. 어디에 세게 부딪혔을 때, 당시에는 아프겠지만 곧 통증이 사라지는 것도 감사의 제목입니다. 성경에 범사에 감사하라고 했습니다. 감사할 일이 아무것도 없다고 생각하시는 분들, 통증이 있다가 없어지는 것도 감사의 조건입니다. 그런 일을 겪지 않는 것은 더 감사할 일입니다. 우리는 이처럼 병으로 인한 육체적 고통뿐 아니라 원인도 모른 채 몸 혹은 마음

시험으로 겪는 괴로움

이 너무나 아파서 눈물 흘려야 할 때가 있습니다. 하나님이 왜 이런 시련을 겪게 하시는지 이해할 수 없을 때가 많습니다. 강약의 차이는 있지만 여러분도 괴로운 일을 겪으면서 살아왔고 또 살고 계실 것입니다.

영혼을 압도하는 괴로움

'괴로움'이란 말의 헬라어 원어는 '류페텐테스(λυπηθέντες)'로 '슬퍼하다' 또는 '비탄에 빠지게 되다'라는 뜻입니다. 여기서 말하는 '괴로움'은 별로 대수롭지 않거나 하찮은 정도의 슬픔이 아닙니다. 한순간 지나가 버리는 일시적인 탄식도 아닙니다. 이 괴로움은 너무 깊어서 사람들의 영혼 전체를 압도하여 모든 감정에 영향을 주고, 결국 모든 행동으로 드러나게 됩니다.

베드로전서 1장 6절에 "너희가 이제 여러 가지 시험으로 말미암아 잠깐 근심하게 되지 않을 수 없으나"라고 한 것처럼 우리를 괴롭히는 문제들은 한두 가지가 아닙니다. 새번역 성경에서는 "그러므로 여러분이 지금 잠시 동안 여러 가지 시련 속에서 어쩔 수 없이 슬픔을 당하게 되었다 하더라도", 즉 "여러 가지"라고 표현하였습니다. 이러한 다양함과 변화가 시련을 견디고 막아내는 것을 어렵게 만듭니다. 대표적인 예로 육체의 병이 그렇습니다. 몸의 일부만 아파도 몸 전체가 아픈 것처럼 괴롭습니다. 지금도 많은 분들이 병마와 싸웁니다. 하루하루를 고통 속에서 살아가는 분들이 많습니다. 특히 오랫동안 계속되는 질병은 더욱 힘들게 합니다. 쉽게 낫지 않으면 육체뿐 아니라 마음까지 병이 듭니다. 웨슬리 목사님도 설교에서 이런 말을 인용하셨습니다. "고통은 완전히 비참한 것이다. 그리고 극단으로 가면 모든 인내를 완전히 뒤엎어 버린다." 하나님의 은혜 속에서 잘 참고 견디며 영혼을 지킨다 할지라도 계속되는 질병의 고통은 끝내 우리의 영혼까지 병들게 할 수도 있습니다. 왜냐하면 우리 육체와 영혼은 따로 떨어져 있는 것이 아니라 연결되어 있기 때문입니다.

The Apostle tells us clearly: 'Ye are in heaviness,' says he, 'through manifold temptations,' -ποικίλοις, manifold; not only many in number, but of many kinds. They may be varied and diversified a thousand ways, by the change or addition of numberless circumstances. And this very diversity and variety makes it more difficult to guard against them. Among these we may rank all bodily disorders; particularly acute diseases, and violent pain of every kind, whether affecting the whole body or the smallest part of it. ··· *Pain is perfect misery, and extreme Quite overturns all patience.* And even where this is prevented by the grace of God, where men do 'possess their souls in patience,' it may nevertheless occasion much inward heaviness, the soul sympathizing with the body. -Albert C. Outler, 「The Works of John Wesley-vol.2」, Abingdon Press, 1984, p.226.

사도는 분명하게 우리에게 '여러분은 여러 가지 시련으로 괴로움을 당하고 있다.'고 말씀하고 있습니다. 즉 포이킬로이스라는 단어는 '여러 가지'라는 뜻이며 그것은 숫자적으로 '많다'는 뜻을 지니고 있을 뿐만 아니라, 또한 '여러 가지 종류'라는 뜻을 내포하고 있습니다. 그 괴로움은 여러 가지 수많은 상황에 따라 변하거나 증가하게 됨으로써 수없이 다양하게 나타납니다. 그리고 이러한 다양성과 변화성이 시련을 막아내는 일을 어렵게 만듭니다. 이들 중에서 우리는 신체 전체에 미치든지, 아니면 적은 부분에 미치든지 간에, 여러 가지 종류의 육체적인 병, 특별히 극심한 병, 모든 종류의 격심한 통증을 들을 수 있을 것입니다. … '고통은 완전히 비참한 것이다. 그리고 극단으로 가면 모든 인내를 뒤엎어 버린다.' 그러나 하나님의 은혜로 고통이 방치되고 사람들이 '참고 견딤으로 자기 영혼을 얻는다.' 고 할지라도, 사실에 있어서 고통은 내적인 괴로움의 원인이 되는 것입니다. 왜냐하면 영혼이 육체와 합일되어 있었기 때문입니다. -존 웨슬리 지음, "여러 가지 시험을 통한 괴로움," 한국웨슬리학회 편, 『웨슬리 설교전집 3』(서울:대한기독교서회, 2006), pp.233~234.

먹을 것, 입을 것, 있을 곳조차 없는

육체의 질병뿐 아니라 가난도 우리를 괴롭게 합니다. 잘 되던 사업이 한순간에 무너지거나, 평생직장으로 여기며 열심히 일하던 곳을 떠나야 하는 경우도 있습니다. 빚을 지기도 하고 신용불량자가 되는 경우도 있습니다. '먹을 것'과 '입을 것'과 '있을 곳', 어느 것 하나도 갖추지 못한 채 살아가는 사람들도 있습니다. '탈진한 기운을 회복하기 위해 먹을 음식조차 없는' 사람, '몸 가릴 것조차 없어 움츠리고 있는' 사람, '땅을 잠자리로 삼고 하늘을 지붕으로 삼는' 사람들이 있습니다. 애쓰고 노력하며 땀을 흘려도 굶주림 속에서 살아가는 사람들이 많습니다.

제가 31년 전에 개척교회를 할 때의 일입니다. 정육점 2층 방에서 월세로 살았는데 어느 날 장인 장모님께서 오셨습니다. 국수라도 삶아 드려야 하는데 정말 돈이 한 푼도 없는 것입니다. 장인 장모님께 너무나 죄송한 마음이었습니다.

우리 교회는 '생명살리기운동'을 합니다. 넉넉하지는 않겠지만, 한 사람당 3만 원으로 아프리카의 아이들을 후원합니다. 그들의 의식주와 배움이 우리가 내는 3만 원으로 어느 정도는 해결됩니다. 그런데 지금도 아프리카에는 후원받는 아이들을 부러워하며 후원받지 못하는 아이들이 너무도 많습니다.

저는 어렸을 때 강원도 철원에서 살았습니다. 가끔 미국 선교사님이 우리 집을 찾아오셨습니다. 제 기억에 '시율린'이라는 머리가 하얀 여자 선교사님이셨는데 지프차를 타고 늘 선물을 가지고 오셨습니다. 그래서 저는 선교사님이 오시기를 얼마나 기다렸는지 모릅니다. 그리고 그분이 타고 온 지프차를 타보고 싶어서 문이 조금이라도 열려 있으면 차에 올랐습니다. 그러면 그분은 저를 태우고 동네 한 바퀴를 돌아 주고 가셨습니다. 그럴 때마다 저는 동네 다른 아이들의 부러움의 대상이었습니다.

그런데 우리는 어떻습니까? '먹을 것'과 '입을 것'과 '있을 곳'이 있음에도 불구하고 더 맛있는 것 먹지 못해서, 더 비싸고 멋있는 옷 입지 못해서, 더 좋은 집에서 살고 싶어 불평합니다. 정말 우리에게 부족한 것은 하나님께서 우리에게 얼마나 많은 복을 주셨나를 보지 못하는 눈, 그것을 깨닫지 못하는 마음입니다. 정말 하나님께서 주신 복, 받은 복을 세며 감사할 줄 아는 성도가 되어야 합니다.

'먹을 것과 입을 것이 있으면'(여기에서 입을 것이라는 말 스케파스마타는 의복이라는 뜻뿐만 아니라 있을 곳이라는 뜻도 있다.) 하나님의 사랑이 우리의 마음속에 있는 한, 그 때문에 우리는 '만족한 것' 입니다. 그러나 이것을 하나도 갖고 있지 않은 사람은 도대체 어떻게 할 것입니까? 말하자면 그 사람은 '가리울 것이 없어 바위를 안고 있는' 사람이 아닙니까? 땅을 잠자리로 삼고 하늘을 지붕으로 삼는 자들이 아닙니까? 그들은 자기 자신을 위해 건조하며 포근한 집은 물론 깨끗한 집조차 가지고 있지 못한 자들이 아닙니까? 밤낮 떨리는 추위 속에서 자기 자신과 사랑하는 가족들을 감싸줄 의복조차 없는 이들이 아닙니까? …그러나 기독교 국가 안에서도 애쓰고 노력하며 땀을 흘려도 결국 먹을 것을 얻지 못하고, 피로와 굶주림 가운데서 고군분투하는 사람들이 얼마나 많습니까? 궁색하고 싸늘하고 더럽고 누추하고 불편한 숙소로 돌아가서 탈진한 기운을 회복하기 위해 족한 음식조차 먹을 수 없다면 이것이 얼마나 잘못된 일입니까? 이 세상에서 안락하게 살고 있으며 하나님께서 당신들을 얼마나 잘 대해 주셨나를 볼

'Having food and raiment,' (indeed the latter word, σκεπάσματα, implies lodging as well as apparel) we may, if the love of God is in our hearts, 'be therewith content.' But what shall they do who have none of these? Who as it were, 'embrace the rock for a shelter?' Who have only the earth to lie upon, and only the sky to cover them? Who have not a dry, or warm, much less a clean abode for themselves and their little ones? No, nor clothing to keep themselves, or those they love next themselves, from pinching cold, either by day or night?… But how many are there in this Christian country that toil and labour, and sweat, and have it not at last, but struggle with weariness and hunger together? Is it not worse for one after an hard day's labour to come back to a poor, cold, dirty, uncomfortable lodging, and to find there not even the food which is needful to repair his wasted strength? You that live at ease in the earth, that want nothing but eyes to see, ears to hear, and hearts to understand how well God has dealt with you, -- is it not worse to seek bread day by day, and find none? -Albert C. Outler, 「The Works of John Wesley-vol.2」, Abingdon Press, 1984, pp.227~228.

존 웨슬리의 위대한 유산

수 있는 눈, 들을 수 있는 귀, 깨닫는 마음밖에는 아무것도 부족함이 없는 당신들이여! 매일매일 먹을 것을 구해도 아무것도 찾지 못한다는 사실이 얼마나 잘못된 일입니까? -존 웨슬리 지음, "여러 가지 시험을 통한 괴로움," 한국웨슬리학회 편, 『웨슬리 설교전집 3』(서울:대한기독교서회, 2006), pp.235~236.

죽음이 주는 고통

또한 소중한 사람, 사랑하는 사람의 죽음도 우리를 고통스럽게 합니다. 사랑하는 부모님의 죽음, 남편 또는 아내의 죽음, 인생의 황혼기에 이르지도 못하고 일찍 죽어간 이들, 인생을 막 출발하던 어린아이의 죽음, 하나님께서 주신 최상의 선물로 여겼던 귀한 친구의 죽음, 이런 수많은 일들은 우리를 깊은 탄식으로 몰아갑니다. 모든 죽음은 우리에게 충격을 줍니다. 그래서 세상을 살아갈 의욕을 꺾기도 합니다.

그런가 하면 주위의 믿지 않은 사람들로 인해 고통을 당합니다. 떨어지려 해도 떨어질 수 없는 인연을 가진 사람들이 하나님의 은혜를 모른 채 살아가고, 기독교를 거부하거나 비판하기 때문에 슬픔을 느끼게 됩니다. 전쟁터로 달려가는 말과 같이 죄와 죽음의 길로, 영원한 멸망의 길로 가는 가족 때문에 힘이 듭니다. 만약 여러분 중에 "나는 예수 믿어 구원받았습니다. 나는 예수 믿어 하나님 자녀 되었습니다. 나는 예수 믿어 천국 백성 되었습니다."라고 말은 하지만 예수 믿지 않는 이들, 구원의 확신을 갖지 못한 이들, 천국에 대한 소망을 갖지 못한 이들 때문에 안타까운 마음이 없다면 여러분은 가짜 그리스도인입니다.

2012 런던올림픽 수영 400m 종목에 출전했던 박태환 선수의 경기를 기억하십니까? 예선전에서 조 1등으로 들어왔습니다. 그런데 실격처리가 되었다는 것입니다. 그 당시 얼마나 화가 났는지 모릅니다. 영상을 몇 번이나 다시 보여 주는데 제가 봐도 부정출발하지 않았는데 실격이 되었다고 하니 너무 화가 나서 그냥 텔레비전을 끄고 일찍 잤습니다. 그런데 다음날 교회에 와서 인터넷 신문을 보는데 박태환 선수가 은메달을 땄다는 것입니다. 얼마나 놀랐는지, 뭐가 잘못된 줄 알았습니다. 신문 기사에 사람들이 단 댓글을 보니 '안타깝다고, 이런 일은 있을 수 없다고' 많은 사람들이 흥분하며 박태환 선수를 응원했습니다. 그렇게 실망을 주고 쇼크를 주지 않았다면 금메달을 땄을 텐데 말입니다. 여러분도 속상하고 안타까워하셨을 것입니다. 그런데 박태환 선수의 실격이라는 판정에 안타까워한 것처럼 여러분의 부모님이, 형제가 예수 믿지 않은 것에 대해 안타까워해 본 적이 있으십니까?

그 밖에도 세상 살면서 당하는 괴로움은 셀 수 없을 정도로 많습니다. 세상 삶이 만만치가 않습니다. 그래서 찬송가 479장 1절에 "괴로운 인생길 가는 몸이 평안히 쉴 곳이 아주 없네 걱정과 고생이 어디는 없으리 돌아갈 내 고향 하늘나라"라고 하였습니다. 이처럼 우리의 인생길은 여러 가지 괴로움으로 가득 차 있습니다.

왜 하나님은 시련을 주시는가?

그렇다면 하나님은 왜 하나님의 자녀들까지도 그토록 많은 괴로움을 당하며 살게 하시는지 궁금해집니다. 이 궁금증에 대해 성경은 분명하고도 직접적으로 대답해 줍니다. 베드로전서 1장 7절에 "너희 믿음의 확실함은 불로 연단하여도 없어질 금보다 더 귀하여 예수 그리스도께서 나타나실 때에 칭찬과 영광과 존귀를 얻게 할 것이니라", 즉 "하나님께서는 여러분의 믿음을 단련하셔서, 불로 단련하지만 결국 없어지고 마는 금보다 더 귀한 것이 되게 하시며, 예수 그리스도께서 나타나실 때에 여러분에게 칭찬과 영광과 존귀를 얻게 해 주십니다."(새번역)라고 하셨습니다. 또한 베드로전서 4장 12~13절에도 "사랑하는 자들아 너희를 연단하려고 오는 불 시험을 이상한 일 당하는 것 같이 이상히 여기지 말고 오히려 너희가 그리스도의 고난에 참여하는 것으로 즐거워하라 이는 그의 영광을 나타내실 때에 너희로 즐거워하고 기뻐하게 하려 함이라"고 했습니다. 풀어 번역된 성경을 보면 이렇습니다. "사랑하는 여러분, 여러분을 시험하려고 시련의 불길이 여러분 가운데 일어나더라도, 무슨 이상한 일이나 생긴 것처럼 놀라지 마십시오. 그만큼 여러분은 그리스도의 고난에 동참하는 것이니, 기뻐하십시오. 그러면 그의 영광이 나타날 때에 여러분은 또한 기뻐 뛰며 즐거워하게 될 것입니다."(새번역)

우리는 이 말씀에서 시련의 목적을 깨달을 수 있습니다. 그것은 금이 불 속에서 연단됨과 같이 시련을 통해 믿음을 연단시키기 위한 것입니다. 불로 연단되는 금은 그로 인해 순결해지고 불순물로부터 분리되어 값있는 것이 됩니다. 시련의 불 속에 있는 믿음도 마찬가지입니다. 믿음은 연단될수록 더 순수해집니다. 그리고 믿음은 더 강해지며 확실해지며 점점 더 풍부해집니다.

우리가 이 말씀으로부터 깨달을 수 있는 것은, 하나님의 자녀들에게 괴로움을 가져오게 되는 시련을 그분이 허락하시는 첫 번째 위대한 목적은 금이 불 속에서 연단됨과 같이 시련을 통해 믿음을 연단시키기 위해서입니다. 우리는 불로 연단되는 금이 그로 인해 순결해지고 불순물로부터 분리되는 것을 알고 있습니다. 시련의 불 속에 있는 믿음도 그와 같습니다. 믿음은 연단되면 될수록 더 순수해집니다. 더 순수해질 뿐만 아니라 더 많은 지혜와 능력과 사랑과 성실함의 증거를 깨달을 수 있는 까닭에 믿음은 더 강해지며 확실해지며 점점 풍부해집니다. –존 웨슬리 지음, "여러 가지 시험을 통한 괴로움," 한국웨슬리학회 편, 『웨슬리 설교전집 3』(서울:대한기독교서회, 2006), pp.236~237.

Hence we learn that the first and great end of God's permitting the temptations which bring heaviness on his children is the trial of their faith, which is tried by these, even as gold by the fire. Now we know gold tried in the fire is purified thereby, is separated from its dross. And so is faith in the fire of temptation; the more it is tried, the more it is purified. Yea, and not only purified, but also strengthened, confirmed, increased abundantly, by so many more proofs of the wisdom and power, the love and faithfulness of God. This then - to increase our faith, - is one gracious end of God's permitting those manifold temptations. -Albert C. Outler, 「The Works of John Wesley-vol.2」, Abingdon Press, 1984, pp.231~232.

그러나 아무리 뜻이 좋고 목적이 있어도 연단 받기를 반길 사람은 없을 것입니다. 견디기 힘들기 때문입니다. 욥은 "하나님이 나를 진흙 가운데 던지셨고 나를 티끌과 재 같게 하셨구나"(욥 30:19)라고 하였고, 예수님도 십자가 위에서 돌아가시기 전에 "나의 하나님, 나의 하나님, 어찌하여 나를 버리셨나이까"(마 27:46)라고 하였습니다. 오죽했으면 성경에 '불 시험'(벧전4:12)이라고까지 했겠습니까? 최고의 고통, 살이 불에 타는 고통 같은 시험이라고 말입니다. 우리가 시련 속에서 괴로워할 때 하나님은 저 멀리 떨어져 계셔 보이고, 나를 돌보시지 않는 것처럼 느껴집니다. 그러나 하나님은 결코 우리를 떠나시지도, 버리시지도 않습니다. 하나님이 우리에게 시련을 주시는 것은 믿음을 더욱 굳세게 세우시기 위함임을 알아야 합니다.

과일 나무가 좋은 열매를 맺게 하려면 잔가지를 쳐야 합니다. 가지를 치지 않는다면 불필요한 가지들이 크게 자라 좋은 열매가 열리지 않습니다. 나무 입장에서 보면 가지를 치는 것은 자기 살을 떼어내는 것처럼 아픈 일입니다. 그러나 가지가 잘려야 좋은 과일 나무가 됩니다. 시련은 불순물을 제거하는 과정입니다. 대장장이가 쇠를 불에 달구고, 망치로 내려치는 일이 쉬운 일이 아닙니다. 땀을 뻘뻘 흘리며 망치질을 해야 작품이 나옵니다. 우리를 연단시키는 하나님도 고통 속에 있는 우리를 보고 고통받고 계시며 안타까워하십니다. 우리를 버려두지 않으십니다. 그러므로 고난의 불 속에 들어갔다 나온 횟수가 자신의 값어치라고 생각하시기 바랍니다.

"사람이 감당할 시험 밖에는 너희가 당한 것이 없나니 오직 하나님은 미쁘사 너희가 감당하지 못할 시험 당함을 허락하지 아니하시고 시험 당할 즈음에 또한 피할 길을 내사 너희로 능히 감당하게 하시느니라."(고전 10:13) 우리가 감당할 만하니까 시련을 주시는 것입니다. 하나님은 시련도 주시지만 피할 길도 주십니다. 무엇보다도 아버지 되신 하나님께서 우리와 함께하십니다.

올림픽에서 메달은 아무에게나 주어지지 않습니다. 참가했던 선수들은 혹독한 훈련을 한 사람입니다. 시련과 고통을 참았기에 그 자리에 설 수 있는 것이고, 그 자리에 갈 수 있는 것입니다. 우리 또한 연단 뒤에 있을 '칭찬과 영광과 존귀'(벧전 1:7)라는 메달을 기억하고 참아야 합니다. 승리해야 합니다.

하나님의 뜻이 이해 안 되어, 하나님의 뜻을 받아들일 수 없어서 눈물로 탄식하는 이들이 있습니다. 애통한 후에 기쁨이 있고 눈물 난 후에 웃음이 있고 괴로움 후에 평안이 있습니다. 주님이 뜻하신 일인지 잘 모르겠습니까? 그래도 언제나 주님 뜻 안에 있음을 믿으시기 바랍니다.

하나님 아버지! 감사합니다.
예수 믿게 하셨으니 감사합니다.
구원받은 사람으로 살게 하셨으니 감사합니다.
말할 수 없는 탄식으로
고통 속에 살아가는 이들이 많습니다.
하나님께서 어루만져 주옵소서.
긍휼히 여겨 주시옵소서.
하나님이 뜻하신 일 헤아리기 어려워
흘리는 눈물도 닦아 주옵소서.
하나님의 선하시고 온전하신 뜻을 깨닫고 사는
우리가 되게 하여 주시옵소서.
예수님의 이름으로 기도하옵나이다.
아멘.

존 웨슬리의 위대한 유산

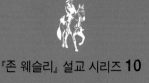

『존 웨슬리』 설교 시리즈 **10**

하나님 나라로 가는 길
The Way to the Kingdom

This is the way: walk ye in it. And First, repent, that is, know yourselves. This is the first repentance, previous to faith; even conviction, or self-knowledge. Awake, then, thou that sleepest. Know thyself to be a sinner, and what manner of sinner thou art. Know that corruption of thy inmost nature, whereby thou art very far gone from original righteousness, whereby `the flesh lusteth` always `contrary to the Spirit,` through that `carnal mind which is enmity against God,` which `is not subject to the law of God, neither indeed can be.` Know that thou art corrupted in every power, in every faculty of thy soul, that thou art totally corrupted in every one of these, all the foundations being out of course. The eyes of thine understanding are darkened, so that they cannot discern God, or the things of God.

———

이르시되 때가 찼고 하나님의 나라가 가까이 왔으니
회개하고 복음을 믿으라 하시더라

마가복음 1장 15절

하나님의 나라는 먹는 것과 마시는 것이 아니요 오직
성령 안에 있는 의와 평강과 희락이라

로마서 14장 17절

———

마가복음 1장 15절과 로마서 14장 17절은 웨슬리 목사님이 가장 많이 설교한 본문입니다. 특별히 이 설교는 1742년에 아버지 묘에서 전한 것으로 보입니다. 아마 웨슬리 목사님은 죽음 앞에서 인간에게 가장 중요한 것이 무엇인지를 말씀하고 싶었을 것입니다.

다른 복음서와 다르게 마가복음은 예수님의 탄생 이야기로 시작하지 않습니다. 복음을 전파하시는 장면, 즉 예수님의 공생애의 시작을 기록하고 있습니다. 공생애(公生涯)란 예수님이 공식적으로 사역을 하신 기간을 말합니다.

예수님은 "때가 찼고 하나님의 나라가 가까이 왔으니 회개하고 복음을 믿으라"(막 1:15)고 외치셨습니다. 예수님이 이 땅에 오신 목적을 이루시기 위한 첫 발걸음은 '하나님의 복음을 전파'(막 1:14)하는 것이었습니다.

먹는 것과 마시는 것이 아니라

하나님의 복음이란 하나님의 나라를 말합니다. "하나님의 나라는 먹는 것과 마시는 것이 아니요 오직 성령 안에 있는 의와 평강과 희락이라."(롬 14:17) 여기서 하나님 나라를 설명하는 데 사용된 '먹는 것과 마시는 것'은 율법에 대한 것입니다. 당시 로마에 있던 '유대인 그리스도인'과 '이방인 그리스도인' 사이에는 문화적인 차이가 있었습니다. 그 차이로 인해 그들은 서로 갈등하였고 분열이 일어났습니다. 유대인 그리스도인들이 개종한 이방인 그리스도인들에게 유대인의 음식 규례나 절기를 지키라고 했기 때문입니다. "너희가 모세의 법대로 할례를 받지 아니하면 능히 구원을 받지 못하리라"(행 15:1)고 하면서 율법 준수를 강요한 것입니다.

그러나 사도 바울은 참된 신앙은 어떤 음식을 제한하거나 어떤 의식을 엄수하는 것으로 되는 것이 아니라고 말했습니다. 기독교의 전적인 본질은 "성령 안에서 누리는 의와 화평과 기쁨"(롬 14:17)이기 때문입니다.

물론 형식이나 의식이 나쁜 것은 아닙니다. 웨슬리 목사님도 형식이나 의식이 진실한 종교를 세우는 하나의 방법이 된다면 좋을 수 있다고 말하였습니다. 또한 그런 것이 인간의 연약함을 도울 수 있다면 반대할 이유가 없다고 하였습니다. 그러나 누구든지 그 이상의 것을 주장해서는 안 됩니다.

미국 동부에 있는 교회에 가면 대부분의 성도들이 정장을 입고 예배를 드리고, 목사님들도 가운을 입고 예배를 드립니다. 그런데 미국 서부에 있는 교회를 가면 교인들이 대부분 셔츠 차림이고, 목사님들도 샌들을 신고 셔츠 차림으로 설교하기도 합니다. 그렇다고 해서 동부에 있는 교회는 거룩한 예배를 드리는 것이고, 서부에 있는 교회는 거룩하지 않은 예배를 드리는 것이라고 평가할 수는 없습니다. 우리는 교회에 오면 의자에 앉아서 예배를 드리지만, 아프리카에 있는 교회를 가면 찬송 부를 때 뛰고 춤추며 찬양합니다. 그렇게 보통 3시간 정도 예배를 드립니다.

어떤 한 가지를 옳다 하고 다른 것을 틀렸다고 주장해서는 안 됩니다. 겉으로는 모든 율법을 다 지켜 경건하게 보여도 속마음이 그 행위에 녹아 있지 않다면 '빛 좋은 개살구'에 불과하므로 외형은 중요하지 않습니다. 외형(form)보다 중요한 것이 기능(function)입니다.

예배는 하나님께 예를 갖추어 절하는 것이므로 단정하게 격을 갖추어 절해야 합니다. 예배는 하나님을 사랑하는 마음을 드러내는 것입니다. 그리고 사랑은 무례히 행치 않는 것입니다. 무례함이 없게 예를 갖추는 것이 좋지 않을까요? 그러나 너무 지나친 형식과 외형에 얽매이면 안 될 것입니다.

그러한 형식이나 의식이 진실한 종교를 세우는 데 하나의 방편이 되는 경우에는 그런 것이 좋을 수가 있습니다. 또 그런 것이 단순한 인간의 연약함을 돕기 위한 것으로서 상황에 따라서 도움이 된다면 오히려 그런 것에 반대하는 일이 미신이 될 것입니다.

그러나 누구든지 그 이상의 것을 주장해서는 안 됩니다. 누구든지 형식이나 의식이 고유한 가치를 가졌고, 종교가 그것 없이는 존재할 수 없다는 헛된 생각을 해서는 안 됩니다. 만일 그렇게 생각한다면, 주 하나님께서는 의식이나 형식을 혐오할 것입니다. -존 웨슬리 지음, "하나님 나라로 가는 길," 한국웨슬리학회 편, 『웨슬리 설교전집 1』(서울:대한기독교서회, 2006), pp.135~136.

These are good in their place; just so far as they are in fact subservient to true religion. And it were superstition to object against them while they are applied only as occasional helps to human weakness. But let no man carry them farther. Let no man dream that they have any intrinsic worth; or that religion cannot subsist without them. This were to make them an abomination to the Lord. - Albert C. Outler, 「The Works of John Wesley-vol.1」, Abingdon Press, 1984, p.219.

이사야 1장 11~14절이 이것을 잘 말해 줍니다. "나는 너희가 바친 이 모든 제물을 바라지 않는다. 이제는 너희의 숫양 번제물과 살진 짐승의 기름이 지겹다. 수송아지와 양과 염소의 피도 반갑지 않다. 너희는 나를 만나러 오지만, 누가 너희더러 이렇게 들락날락하며 내 마당만 밟으라고 했느냐? 다시는 헛된 제물을 가져오지 마라. 너희가 태우는 향이 역겹다. 너희가 초하루 축제일과 안식일과 특별 절기에 모이는 것도 참을 수 없고, 거룩한 모임에 모여서 악한 짓을 하는 것도 견딜 수 없다. 정말로 나는 너희의 초하루 축제일과 특별 절기들이 역겹다. 그것들은 오히려 내게 무거운 짐이 될 뿐이다. 나는 그것들을 짊어지기에는, 너무 지쳤다."(쉬운성경) 하나님은 이스라엘 백성들의 마음 없는 제사를 받고 싶지 않다고 하셨습니다.

예수님도 외식하는 서기관과 바리새인들에게 화가 있을 것이라고 저주하시며 "너희가 잔과 접시의 겉을 깨끗하게 하지만 그 안에는 탐욕과 방종이 가득 차 있다. …너희는 하얗게 칠한 무덤과 같다. 겉은 아름다워 보이지만 그 안은 시체들의 뼈와 온갖 더러운 것으로 가득 차 있다."(마 23:25, 27/ 쉬운성경)고 하셨습니다. 겉과 속이 다른 그들을 비판하신 것입니다.

가면을 벗어라

성경에는 '해야 하는 법'과 '금해야 하는 법'이 있습니다. 그러나 단지 그것을 지키는 데 목적이 있는 것이 아닙니다. 하나님의 뜻에 맞게 살라는 데 더 큰 의미가 있습니다. 배고픈 사람에게 먹을 것을 주고, 옷이 없는 사람에게 옷을 주었다고 하더라도 그중의 한 사람은 진정으로 신앙적이고, 다른 한 사람은 전혀 신앙적이지 않을 수도 있습니다. 한 사람은 하나님을 사랑해서 선을 행하는 반면에 다른 사람은 자신을 드러내고 칭찬을 받기 위해서 할 수 있기 때문입니다. 그런 것은 위선입니다.

영국의 찰스 스펄전(Charles H. Spurgeon, 1834~92) 목사님은 위선적인 신앙을 가리켜 "비 없는 구름과 같고…바짝 말라 버린 개울과도 같다."고 했습니다. 사탄은 우리가 기도하고, 성경 읽고, 예배에 참석하고, 교회에서 봉사하는 것을 싫어합니다. 그러나 그런 것들을 막을 수 없을 때 사용하는 마지막 사탄의 무기는 외식에 빠지게 하는 것입니다. 결국 신앙의 껍데기만 남게 하고 내용은 잃어버리게 하는 전략입니다. 외식하게 만드는 사탄의 공격을 당하게 되면 신앙의 열매가 없어집니다. 기쁨이 사라집니다. 남에게 보이려고 하니 기쁨이 있겠습니까? 실제로 많은 신앙인들이 '무엇이 되는 것'을 원하기보다 남에게 '어떻게 보여지는가'에 더 많은 신경을 쓰고 삽니다. 행복하게 되기보다는 행복하게 보이기를 원하고, 선하게 되기보다는 선하게 보이기를 더 원합니다. 그것이 문제입니다.

심리학 용어 중에 '가면현상(假面現象)'이 있습니다. 영어로는 'Imposter phenomenon'이라고 하는데 여기서 Imposter는 '사기꾼, 타인을 사칭하는 자'라는 뜻입니다. 가면현상은 의사, 변호사, 국회의원, 대기업 중역같이 사회적으로 존경받는 위치에 있는 사람들이 '가면에 가려진 자신의 진짜 모습이 드러날지 모른다는 망상에 시달리는 현상'을 말합니다. 미국에서 출판된 책 『가면현상』(폴린 클라인스 지음)에 의하면 미국에서 성공한 사람의 70% 정도가 가면현상에 시달리고 있다고 합니다. 진짜 내 모습을 다른 사람이 알게 되면 어떡하나 불안해하는 것이지요.

몇몇 목사님들과 쉬기 위해 놀러간 적이 있습니다. 그때 목사님 한 분이 전화를 받으면서 "지금 세미나 중입니다. 다음에 전화 드리겠습니다."하며 끊으시는 것입니다. 다 함께 있었는데 말입니다. 그래서 제가 "무슨 세미나야? 놀잖아"라고 했더니 '아니라고, 우린 지금 세미나 중'이라고 하시더군요. 그럴 필요 있나요? 목사도 쉴 때는 쉰다고 해야 되는 것 아닌가요?

몇 년 전 우리 교회 부목사님들과 미국을 방문했을 때입니다.

존 웨슬리의 위대한 유산

출국하기 전 주일에 제가 광고하면서 "내일부터 성장하는 교회를 탐방하기 위해 미국에 갑니다. 유명한 대학도 갈 것이고, 틈틈이 관광도 할 것입니다."라고 말했습니다. 그랬더니 예배 후에 부목사님 한 분이 제게 "목사님, 관광지 간다는 얘기는 하지 마시지요."라고 하더군요. 요즘은 전 세계 어디를 가도 아는 사람을 만납니다. 교회 성도들도 가는 곳마다 만납니다. 아무려면 목사님들이 미국까지 가서 교회나 대학만 탐방합니까? 관광지도 가게 되지요. 솔직한 것이 좋은 것입니다. 가면을 쓰면 불편합니다.

신앙생활 하는 여러분, 영적인 가면을 벗으시기 바랍니다. 베드로전서 2장 1~2절에 "모든 악독과 모든 기만과 외식과 시기와 모든 비방하는 말을 버리고 갓난 아기들 같이 순전하고 신령한 젖을 사모하라"는 말씀을 기억하며 사시기 바랍니다.

의와 평강과 희락이 넘치는 나라

하나님의 나라가 '의와 평강과 희락'이라는 말씀의 의미는 무엇일까요? 국어사전에 보면 '의'(義, righteousness)란 '사람으로서 지키고 행해야 할 바른 도리'를 가리킵니다. 그런데 성경에서는 '의'를 다양한 개념으로 설명하고 있어서 '의가 무엇이다'라고 명확하게 정의하기가 어렵습니다. 그러나 사람으로서 지키고 행해야 할 것을 '하나님과 사람 사이에서' '사람과 사람 사이에서' 찾을 수 있다고 생각하면 이해하기 쉽습니다. 즉 '의'는

"마음과 목숨과 뜻을 다해 하나님을 사랑하는 것과 이웃을 자신 같이 사랑"하는 것입니다.(마 22:37~40) 왜냐하면 하나님을 사랑하고 이웃을 사랑하는 것이 '온 율법과 선지자의 강령'(마 22:40)이기 때문입니다. 하나님의 나라는 하나님을 향해 "하늘에서는 주 외에 누가 내게 있으리요 땅에서는 주 밖에 내가 사모할 이 없나이다"(시 73:25)라고 고백할 때 이뤄집니다.

또한 이웃을 자신의 몸과 같이 사랑하는 것이 '의' 입니다. 웨슬리 목사님은 우리가 사랑해야 할 이웃에 대해 이렇게 말했습니다.

당신의 이웃이란 모든 사람의 아들, 모든 인간, 하나님께서 지으신 모든 영혼을 의미합니다. 당신이 결코 육신으로 본 일이 없는 사람, 얼굴로나 이름으로나 알지 못하는 사람까지도 포함합니다. 당신에게 나쁜 감정만 있고 감사의 마음이 없다고 생각하는 사람, 즉 여전히 나쁜 뜻으로 당신을 이용하고 박해하는 사람도 포함하는 것으로서 당신은 그를 자기 자신과 같이 사랑해야 하는 것입니다. –존 웨슬리 지음, "하나님 나라로 가는 길," 한국웨슬리학회 편, 『웨슬리 설교전집 1』(서울:대한기독교서회, 2006), p.138.

'Thy neighbour'; ··· but every child of man, every human creature, every soul which God hath made: not excepting him whom thou never hast seen in the flesh, whom thou knowest not either by face or name; not excepting him whom thou knowest to be evil and unthankful, him that still despitefully uses and persecutes thee. Him thou shalt 'love as thyself'; - Albert C. Outler, 『The works of John Wesley-vol.1』, Abingdon Press, 1986, pp.221~222.

이 가르침에 비교할 때 그동안 우리가 얼마나 좁은 범위의 이웃들만 생각했는지 알 수 있습니다. 그리고 이웃 사랑이 얼마나

존 웨슬리의 위대한 유산

힘든 것인지도 알게 됩니다. 내 옆에 있는 사람, 나에게 호의적인 사람이라 해도 내 몸같이 사랑하기 힘든 것이 사실입니다. 그러나 예수님이 "너희 원수를 사랑하며 너희를 박해하는 자를 위하여 기도하라"(마 5:44)고 하신 것을 보면 원수도 우리의 이웃에 포함된다는 것을 잊지 말아야 합니다. 나를 괴롭히는 사람까지도 그를 위해 기도하라는 것입니다. 그러나 원수 사랑하기는 솔직히 어렵습니다. 말하고 듣기는 쉬워도 실천하기 어렵습니다. 그럼에도 불구하고 말씀에 순종해야 하나님의 뜻이 이루어지는 하나님 나라가 되는 것입니다. 우리가 진정으로 사랑과 용서를 실천하지 않는다면 결코 하나님의 나라를 이룰 수 없습니다.

하나님 나라는 하나님을 사랑하는 것, 이웃 사랑하는 것, 그리고 평화입니다. 여기서 말하는 평화는 세상이 줄 수도 없고, 알 수도 없는 것입니다. 하나님만 주시는 것이고 사람의 모든 지각을 초월한 평화입니다.(빌 4:7) '그것은 영으로만 이해될 수 있는 것이므로'(고전 2:14) 세상의 모든 일을 아는 사람이라도 하나님의 평화를 알 수 없습니다. 하나님의 평화는 모든 의심과 불안을 추방합니다. 하나님이 주시는 평화는 괴로움을 주는 모든 공포, 즉 하나님의 진노의 공포, 지옥의 공포, 악마의 공포, 죽음의 공포 등에 대한 모든 두려움을 물리칩니다.

하나님이 주시는 '평화'는 히브리어로는 '샬롬', 헬라어로 '에이레네'라고 합니다. 이 뜻은 '완전함, 온전함, 하나 됨, 조화'의 의미를 갖고 있습니다. 하나님과 나의 관계가 영적으로 온전하고, 하나가 되는 것, 그래서 다른 사람과의 관계에서도 조화를 이루는 것이 평화입니다. 그런 상태가 바로 하나님의 나라입니다. 어렵지만 하나님과 나의 관계가 바르게 되고 사람과 사람 사이가 조화를 이루도록 노력하며 사시기 바랍니다.

영국의 한 도시에서 '평화'를 주제로 한 미술대회가 열렸습니다. 최우수작품은 무섭게 떨어지는 폭포 그림이었습니다. 얼핏 보면 평화와는 아주 거리가 멀어 보이는 단순한 폭포였습니다. 그런데 그림을 자세히 보면 떨어지는 폭포의 중간쯤에 불쑥 튀어나온 바위가 있고, 바위 위에는 어미 새가 새끼들에게 먹이를 먹이고 있었습니다. 아기 새들은 세찬 물줄기에도 전혀 아랑곳하지 않고 평화로운 모습으로 어미 새의 입에 물린 먹이만을 바라보며 입을 벌리고 있었습니다. 그런 것이 평화입니다.

우리 삶도 세찬 물줄기의 연속입니다. 믿는 우리가 험한 세상에서 평화로울 수 있는 것은 함께 하겠다고 말씀하신 하나님만 바라보고 의지할 때 가능한 것입니다. 내 생각과 내 판단, 내 의지로 가능한 것이 아닙니다. 우리가 사는 세상은 세상 조건 때문에 평안해지는 것이 아닙니다.

마지막으로, 하나님의 나라는 하나님 사랑, 이웃 사랑, 평화 그리고 '희락(喜樂)', 즉 기쁨이라 하였습니다. 하나님 안에서의 기쁨을 우리 마음속에서 만드시는 분은 성령님입니다. 골로새서 1장 14절에 "그 아들 안에서 우리가 속량 곧 죄 사함을 얻었도다"라고 한 것처럼 하나님과 화해를 하게 한 분은 예수님이지만, 하나님의 기쁨을 주시는 분은 성령님입니다. 갈라디아서 5장 22절에서도 성령의 열매에 '희락'이 포함되어 있습니다. 우리가 하나님 안에서 기뻐할 수 있는 것은 세상적인 기쁨이나 향락 때문이 아닙니다. 하나님이 우리를 구원하셨고, 성령님이 그것을 증거하기 때문에 우리가 기뻐할 수 있는 것입니다. "허물의 사함을 받고 자신의 죄가 가려진 자는 복이 있도다."(시 32:1) 즉 "복되어라! 거역한 죄 용서받고 허물을 벗은 그 사람!"(새번역)이라고 했습니다. '복되도다' '행복하다' 는 고백을 하게 만드시는 분은 '성령'입니다. 성령님이 하나님의 자녀로서의 기쁨을 우리 영혼 속에 충만하게 부으시는 것입니다.

With this peace of God, wherever it is fixed in the soul, there is also 'joy in the Holy Ghost;' joy wrought in the heart by the Holy Ghost, by the ever-blessed Spirit of God. He it is that worketh in us that calm, humble rejoicing in God, through Christ Jesus, 'by whom we have now received the atonement,' καταλλαγην, the reconciliation with God; and that enables us boldly to confirm the truth of the royal Psalmist's declaration, 'Blessed is the man' (or rather, happy) 'whose unrighteousness is forgiven, and whose sin is covered.' He it is that inspires the Christian soul with that even, solid joy which arises from the testimony of the Spirit that he is a child of God; and that gives him to 'rejoice with joy unspeakable', 'in hope of the glory of God' -Albert C. Outler, 「The Works of John Wesley-vol.1」, Abingdon Press, 1984, pp.223~224.

그것은 성령에 의해 영원히 복되신 하나님의 영에 의하여 마음속에 만들어진 기쁨입니다. 그 평온하고 겸손한 하나님 안에서의 기쁨을 우리의 마음속에서 만드는 것은 성령입니다. "우리는 이제 그의 안에서 속량을 받았습니다."(골 1:14) 하나님과의 화해를 얻는 것은 그리스도 예수 때문이지만, 성령은 그리스도 예수를 통하여 하나님 안에서의 기쁨을 주시는 것입니다. 시편을 지은 왕이 말한 "허물의 사함을 얻고 그 죄가 가리움을 받은 자는 복이 있도다(차라리 행복하다는 말이 더 적합합니다.)"라는 진리(시 32:1)를 우리에게 대담하게 확신시키는 것은 성령입니다.

성령의 증거로 생겨나는 평온하고 확실한, 하나님의 자녀라는 기쁨을 그리스도인의 영혼 속에 충만하게 하는 것입니다. "말로 다 표현할 수 없는 기쁨을 가지고 하나님의 영광을 바라며 기뻐하는"(벧전 1:8) 것을 그에게 주신 분도 성령입니다. -존 웨슬리 지음, "하나님 나라로 가는 길," 한국웨슬리학회 편, 『웨슬리 설교전집 1』(서울:대한기독교서회, 2006), p.140.

교회는 하나님 나라의 거울

이제 우리는 '의'와 '평화'와 '기쁨'의 하나님 나라를 세상에 전해야 합니다. 세상 사람들은 우리의 모습을 통해서 하나님 나라를 알 수 있습니다. 교회를 통해서 하나님 나라를 느끼게 해야 합니다. 그러므로 교회는 은혜롭고 평안해야 합니다. 평안을 깨는 일은 마귀가 하는 일입니다. 평안을 깨지 않기 위해 노력해야 합니다.

기업에서 제품을 홍보하는 행사를 하거나 정부에서 국제대회 같은 것을 치를 때 '홍보대사'를 둡니다. 그런데 하나님은 우리를 하늘의 대사로서 세상에 보내셨습니다. 우리는 세상에 나가서 하나님 나라를 전해야 할 홍보대사입니다. 홍보대사는 아무나 뽑지 않습니다. 예쁘고 잘생긴 사람은 기본이고, 행사의 이미지와 맞는 잘 알려진 사람을 홍보대사로 임명합니다. 일단 잘생기고, 예쁘고, 착해야 합니다. 호감이 가야 합니다. 그래서 우리가 하늘나라의 홍보대사가 되었습니다. 그런데 홍보대사로 사는 것이 쉽지 않습니다. 왜냐하면 사람들이 쳐다보기 때문입니다. 그러나 기꺼이 감당해야 합니다.

예수님은 "때가 찼고 하나님의 나라가 가까이 왔으니 회개하고 복음을 믿으라"(막 1:15)고 하셨습니다. 회개하고 복음을 믿는 것만이 하나님의 나라를 얻는 유일한 방법입니다. 하나님의 나라를 간직한 우리들은 "내가 세상 끝날까지 너희와 항상 함께 있으리라"(마 28:20)고 하신 예수님을 믿고 세상을 향해 나가서 복음을 전해야 합니다. 그래서 사람들이 예수 믿고 구원받게 해야 합니다. 그것이 우리가 구원받는 유일한 길입니다.

회개란 먼저 자신이 죄인인 것을 깨닫는 것입니다. 인간은 내면 깊은 곳에 있는 본성의 부패 때문에 하나님을 멀리 떠나 있었습니다. 그래서 하나님을 대적하고, 성령을 거스릅니다. 또한 이해력의 눈이 어두워져서 하나님을 인식할 수 없습니다.

이것이 길입니다. 당신들은 그 길을 걸으십시오. 그리고 첫째로 "회개"(막 1:15) 하십시오. 즉 당신들 자신을 알아야 합니다. 이것이 믿음에 앞서서 먼저 이루어져

This is the way: walk ye in it. And First, repent, that is, know yourselves. This is the first repentance, previous to faith; even conviction, or self-knowledge. Awake, then, thou that sleepest. Know thyself to be a sinner, and what manner of sinner thou art. Know that corruption of thy inmost nature, whereby thou art very far gone from original righteousness, whereby 'the flesh lusteth' always 'contrary to the Spirit,' through that 'carnal mind which is enmity against God,' which 'is not subject to the law of God, neither indeed can be.' Know that thou art corrupted in every power, in every faculty of thy soul, that thou art totally corrupted in every one of these, all the foundations being out of course. The eyes of thine understanding are darkened, so that they cannot discern God, or the things of God. -Albert C. Outler, 「The Works of John Wesley-vol.1」, Abingdon Press, 1984, p.225.

야 하는 최초의 회개입니다. 죄의 의식 혹은 자신을 아는 일입니다. 그러므로 잠자는 자여, 깨어나십시오. 당신 자신이 죄인이라는 것과 어떤 종류의 죄인이라는 것을 아십시오. 당신의 내면 깊은 곳의 본성의 부패를 아십시오. 당신은 그 부패 때문에 본래의 의에서 멀리 떠나 버렸습니다. "하나님을 대적하는" 바 "육의 생각"을 통하여 언제나 "육신의 소욕은 성령을 거스르는"(갈 5:17) 것입니다. 당신은 영혼과 모든 기능에서 부패되어 있음을 아십시오. 당신의 이해력의 눈이 어두워져서 하나님과 하나님의 사실을 인식할 수 없습니다. −존 웨슬리 지음, "하나님 나라로 가는 길," 한국웨슬리학회 편, 『웨슬리 설교전집 1』(서울:대한기독교서회, 2006), p.142.

죄의 결과는 "사망"입니다.(롬 6:23) 그 사망은 시간적인 죽음이 아니라 영원한 죽음을 의미합니다. 그 사망은 '지옥'이라는 영원한 파멸의 벌을 받는 것입니다. 인간의 능력으로는 이 형벌을 피할 방법이 없습니다. 그러나 하나님은 피할 길을 내셨습니다. 독생자 예수님을 믿는 것, 그것이 유일한 길입니다. 디모데전서 1장 15절에 "그리스도 예수께서 죄인을 구원하시려고 세상에 임하셨다" 하였고, 요한복음 3장 16절에 "하나님이 세상을 이처럼 사랑하사 독생자를 주셨으니 이는 그를 믿는 자마다 멸망하지 않고 영생을 얻게 하려 하심이라" 하였습니다. 이것을 믿는다면 하나님의 나라는 그의 것입니다. 믿음으로 그 약속을 받은 것입니다. 하나님께서 그 말씀을 받아들이는 사람의 마음에 "안심하라 네 죄가 사해졌다"(마 9:2)고 말씀하시자마자 하나님의 나라가 임하는 것입니다. 그리고 '오직 성령 안에 있는 의와 평강과 희락' (롬 14:17)을 얻게 됩니다.

하나님은 우리를 사랑하십니다. 그래서 천국 가는 길, 하나님 나라로 가는 길이신 예수님을 세상에 보내 주셨습니다. 그 예수님을 믿고 구원받아 일평생 '사랑과 평화와 기쁨' 으로 하나님 나라에 거하며 하나님 나라를 전하며 사는 하늘 백성으로 사시기를 바랍니다.

전능하신 하나님!
하나님의 마음에 합한 하늘 백성으로
살게 하시니 감사합니다.
하나님 나라를 향해 가는 하늘 백성으로서
부끄럽지 않은 믿음의 승리자들이 다 되게 하여 주시옵소서.
하나님의 나라를 전하는 홍보대사로서의 사명도
잘 감당하게 하옵소서.
예수님의 이름으로 기도하옵나이다.
아멘.

존 웨슬리의 위대한 유산

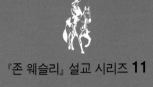

『존 웨슬리』 설교 시리즈 **11**

믿음으로 얻는 의

The Righteousness of Faith

To mention but one consideration more. It is wisdom to aim at the best end by the best means. Now the best end which any creature can pursue is happiness in God. And the best end a fallen creature can pursue is the recovery of the favour and image of God. But the best, indeed the only means under heaven given to a man, whereby he may regain the favour of God, which is better than life itself, or the image of God, which is the true life of the soul, is the submitting to the 'righteousness which is of faith,' the believing in the only-begotten Son of God.

———

모세가 기록하되 율법으로 말미암는 의를 행하는 사람은
그 의로 살리라 하였거니와 믿음으로 말미암는 의는 이같이 말하되
네 마음에 누가 하늘에 올라가겠느냐 하지 말라 하니 올라가겠느냐 함은
그리스도를 모셔 내리려는 것이요 혹은 누가 무저갱에 내려가겠느냐 하지 말라
하니 내려가겠느냐 함은 그리스도를 죽은 자 가운데서 모셔 올리려는 것이라
그러면 무엇을 말하느냐 말씀이 네게 가까워 네 입에 있으며
네 마음에 있다 하였으니 곧 우리가 전파하는 믿음의 말씀이라

로마서 10장 5~8절

———

하나님의 계획은 피조물 모두에게 바람직한 방향으로 흘러가지만 반대로 하나님의 계획을 거스르는 일들은 누군가에게 해를 입힙니다. 하나님의 자녀로서 살아가는 우리에게는 삶의 목적과 목표가 있습니다. 바로 하나님의 뜻에 순종하는 것입니다. 신명기 6장 25절 말씀은 의로우신 아버지 하나님(시 4:1, 렘 12:1)의 뜻에 순종하기 위해 자녀인 우리가 해야 할 일을 분명하게 알려주고 있습니다. "우리가 그 명령하신 대로 이 모든 명령을 우리 하나님 여호와 앞에서 삼가 지키면 그것이 곧 우리의 의로움이니라 할지니라." 쉬운성경에서는 "우리가 우리 하나님 여호와 앞에서 여호와께서 명령하신 이 모든 규례를 지키는 것이 우리에게 의로움이 될 것이다."라고 말합니다. 하나님께서 명령하신 명령과 규범을 어긋남 없이 지키며 사는 것이 하나님의 의로움을 닮아가는 성도의 삶입니다. 하나님께서는 그렇게 사는 사람들에게 복을 주시고 은혜를 내려 주신다고 약속하셨습니다.(시 5:12)

하라, 그리하면 살리라

하나님과 인간 사이에 맺어진 이와 같은 약속을 간단하게 표현하면 "하라. 그리하면 살리라."입니다. 그뿐 아니라 하나님께서는 독생자 예수 그리스도를 세상에 보내시어 우리를 위해서 더 좋은 약속을 허락하셨습니다. 그것은 "믿으라, 그리하면 살리라."는 약속입니다.

이 최초의 법 혹은 계약을 가감 없이 직설적인 논조로 말하면 "이것을 하라. 그리하면 살리라."는 것이었습니다. 그러나 그리스도께서는 동시에 우리를 위해서 더 좋은 계약, 즉 "믿으라, 그리하면 살리라."는 은혜의 계약을, 희생을 치르고 획득하셨습니다. "믿으라. 그리하면 너희가 구원을 받으리라." 그래서 우리는 이제 죄책과 죄의 세력 모두로부터 구원받았으며 죄의 삯의 결과에서 해방을 받았습니다. –존 웨슬리 지음, "믿음으로 얻는 의," 한국웨슬리학회 편, 『웨슬리 설교전집 1』(서울:대한기독교서회, 2006), p.115.

the strict tenor whereof, without any abatement, was, 'Do this and live;' and at the same time purchased for us that better covenant, 'Believe and live;' 'believe, and thou shalt be saved;' now saved both from the guilt and power of sin, and of consequence from the wages of it. - Albert C. Outler, 『The works of John Wesley-vol.1』, Abingdon Press, 1986, p.204.

누구든지 예수 그리스도가 하나님의 아들이신 것과 십자가에 못 박혀 죽으심으로 우리의 모든 죄 값을 치르신 것을 믿으면 영원한 생명을 얻습니다.(요 3:16) 교회는 성공비결을 배우는 곳이 아닙니다. 교회는 인간관계 잘하는 방법을 배우는 곳도 아닙니다. 교회는 개그를 하는 곳도 아닙니다. 최근에 교회가 재미있는 곳이어야 한다고 생각하는 분들이 많습니다. 물론 재미없는 것보다 낫습니다. 그러나 교회는 하나님의 말씀, 구원의 복음을 전하고 듣는 곳이며 하나님께 예배하는 곳입니다.

예수 그리스도를 믿는 자마다 죄로부터 구원받아 죄의 결과인 영원한 죽음으로부터 해방됩니다.(롬 6:23) 율법에 따르면 사람은 스스로 영원한 생명의 값을 지불해야 했습니다. 그러나 죄 중에서 잉태되어 죄악 중에 출생한 인간에게는(시 51:5) 자기의 죄 값을 해결할 능력이 없습니다. 하지만 사랑이신 하나님이 죄 값을 치르시기 위해 독생자를 세상에 보내셨고 그를 십자가에 못 박혀 죽게 하심으로 모든 사람들이 누구든지 예수 이름을 믿기만 하면 영생을 얻도록 먼저 모든 죄를 용서하시고 탕감해 주셨습니다.(눅 7:42)

성경에도 "말씀이 네게 가까워 네 입에 있으며 네 마음에 있다 하였으니 곧 우리가 전파하는 믿음의 말씀이라"(롬 10:8) 했습니다. 복음의 말씀은 우리에게 멀리 있지 않습니다. 현실 불가능한 것이 아닙니다. 우리 입술과 우리 마음에 있는 그 말씀이 우리를 영원한 생명의 상속자가 되게 합니다.

기회를 놓치고 마는 믿음의 핑계

하나님께서는 먼저 죄 많은 인간에게 하나님과의 화해의 길을 열어 주셨습니다. 그리고 값없이 주시는 사랑으로 우리를 구원해 주셨습니다. 그러므로 하나님의 그 크신 사랑에 감사를 드리며 구원의 길에 참여하는 삶을 사는 것이 지혜로운 인생입니다.

다음과 같은 것이 더 고려되어야 합니다. 하나님께서 죄 많은 인간에게 당신 자신과 화해의 길을 여셔서 우리가 하나님의 손에서 버림받지 않고 하나님의 기억에서 지워지지 않는 것은 순전한 은혜, 값없이 주시는 사랑, 분에 넘치는 긍휼에 의한 것입니다. 그러므로 하나님께서 죄인을 구원하실 때에 어떤 방법으로 하셨든지 하나님의 부드러우신 긍휼, 그의 값없이 주시는 은혜에서 나온 것이기 때문에 전적으로 감사를 드리고 그것을 받아들이는 것이야말로 참된 지혜가 됩니다. –존 웨슬리 지음, "믿음으로 얻는 의," 한국웨슬리학회 편, 『웨슬리 설교전집 1』(서울:대한기독교서회, 2006), p.127.

It may be farther considered that it was of mere grace, of free love, of undeserved mercy, that God hath vouchsafed to sinful man any way of reconciliation with himself; that we were not cut away from his hand, and utterly blotted out of his remembrance. Therefore whatever method he is pleased to appoint, of his tender mercy, of his unmerited goodness, whereby his enemies, who have so deeply revolted from him, so long and obstinately rebelled against him, may still find favour in his sight, it is doubtless our wisdom to accept it with all thankfulness. -Albert C. Outler, 「The works of John Wesley-vol.1」, Abingdon Press, 1986, p.213.

그런데 어떤 사람은 이렇게 생각합니다. "저는 못된 일을 너무 많이 했습니다. 하나님께 용서받을 자격이 없는 사람입니다." 혹 여러분 중에도 이렇게 생각하는 분이 계십니까? 사실 대부분의 사람들은 쉽게 죄와 타협하고 삽니다. 깨끗하고 완전한 것 같지만 우리가 얼마나 쉽게 잘못을 저지르는지 스스로도 잘 모릅니다.

어느 목사님이 예배가 끝날 무렵 성도들에게 다음 주 예배에 대해서 미리 알려주었습니다. "여러분, 다음 주에는 거짓말하는 죄에 대해 말씀을 전하겠습니다. 그러니 마가복음 17장을 미리 읽고 오세요." 그리고 다음 주가 되어 설교를 시작하기 전에 목사님은 성도들을 보며 물었습니다. "주중에 마가복음 17장을 읽어 오신 분은 손 한번 들어주시겠습니까?" 거의 모든 성도들이 손을 들었습니다. 목사님은 씁쓸한 미소를 띠더니 이렇게 말했습니다. "여러분, 마가복음은 16장까지밖에 없습니다. 그럼 이제 거짓말하는 죄에 대해 설교를 시작하겠습니다."

사탄이 선한 사람을 노릴 때 사용하는 일곱 가지 덫이 있습니다.

① 누구나 하는 것이니까 괜찮아. ② 아직 젊으니까 교회는 나이가 들어서 나가도 괜찮아. ③ 이 정도는 아주 작은 것이니까 괜찮아. ④ 아무도 보지 않으니까 괜찮아. ⑤ 이번 딱 한 번이니까 괜찮아. ⑥ 그동안 너무 힘들게 살았으니까 이번에는 괜찮아. ⑦ 이것은 분명 나에게 주어진 좋은 기회일 거야.

지금도 우리 귓가에 이렇게 속삭이는 사탄에게 여러분은 얼마나 많이 당하셨습니까? 기회만 있으면 자기를 합리화하고 여차

하면 죄에 눈 돌릴 수밖에 없는 우리는 모두 다 어쩔 수 없는 죄인입니다.

아담 이래로 하나님께서 흔쾌히 받아들이실 만큼 충분히 선한 사람이 있었습니까? 하나님께 칭찬 받았던 모세도(민 20:12), 하나님 마음에 합한 사람이었던 다윗도(삼하 12:9) 하나님에게 책망을 받은 때가 있었습니다. 하물며 우리는 어떻습니까? 사실 우리는 늘 회개하며 살 수밖에 없는 죄인입니다. 예수님을 믿지 않으면 우리는 결코 악에서 벗어날 수 없습니다. 오히려 더욱 악해질 뿐입니다. 하나님께서도 우리가 악한 죄인임을 이미 알고 계십니다. 그렇다면 이제 우리가 무엇을 해야 하는지는 분명해집니다. 사도행전 22장 16절에 보면 "왜 주저하느냐 일어나 주의 이름을 불러 세례를 받고 너의 죄를 씻으라"고 했습니다. 일어나 세례를 받으십시오. 그리고 그분의 이름을 부르십시오. "그러면 죄 사함을 얻게 될 것입니다."(쉬운성경) 예수님을 믿으면 예수 그리스도의 피가 우리를 깨끗하게 하고 죄인인 우리가, 허물 많은 우리가 눈보다 더 흰 '깨끗한' 사람이 될 것입니다.(시 51:7)

또 당신은 마음속으로 "나는 아직 받아들여질 자격이 없다. 왜냐하면 나는 충분히 선하지 못하기 때문에"라고 말해도 안 됩니다. 누가 하나님의 손에 받아들여지기에 합당할 만큼 충분히 선합니까? 또 그런 사람이 존재한 적이 있습니까? 대체 거기에 충분히 합당한 정도의 선량한 인간이 아담의 자손 중에 한 사람이라도 있었습니까? 혹은 모든 것이 완성될 때까지 기다려도 한 사

Neither say in thy heart, 'I cannot be accepted yet because I am not *good enough*.' Who is good enough, who ever was, to merit acceptance at God's hands? Was ever any child of Adam good enough for this? Or will any, till the consummation of all things? And as for thee, thou art not good at all; there dwelleth in thee no good thing. And thou never wilt be till thou believe in Jesus. Rather, thou wilt find thyself worse and worse. But is there any need of being worse in order to be accepted? Art thou not *bad enough* already? Indeed thou art, and that God knoweth. And thou thyself canst not deny it. Then delay not. All things are now ready. 'Arise, and wash away thy sins.' The fountain is open. Now is the time to wash thee white in the blood of the Lamb. Now he shall purge thee as with hyssop, and thou shalt be clean: he shall wash thee, and thou shalt be whiter than snow. -Albert C. Outler, 「The works of John Wesley-vol.1」, Abingdon Press, 1986, pp.214~215.

람이라도 있을 수 있겠습니까? 그리고 당신에게 이르러 보아도 조금도 선량하지는 않습니다. 당신 안에는 아무 선한 것도 머물러 있지 않습니다. 그리고 당신이 예수님을 믿지 않으면 당신은 결코 선하게 되지 않습니다. 예수님을 믿지 않으면 오히려 당신은 더욱 악해질 것입니다. 그런데 받아들여질 자격을 얻기 위하여 이 이상 악하게 될 필요가 도대체 어디 있는 것입니까? 당신은 이미 넉넉할 만큼 악하고 하나님께서도 그것을 알고 계십니다. 그리고 당신 자신도 그것을 부정할 수 없습니다. 그러므로 연기해서는 안 됩니다. 이제 모든 준비는 되어 있습니다. "즉시 일어나 당신의 죄를 씻어 버리시오."(행 22:16) 생명의 샘은 항상 열려 있습니다. 이제야말로 어린 양이 '우슬초를 가지고' 당신을 '정결케 해주시면' 당신은 '깨끗하게 될' 것입니다. 그가 당신을 '씻겨 주시면' 당신은 '눈보다 희게 될' 것입니다.(시 51:7) −존 웨슬리 지음, "믿음으로 얻는 의," 한국웨슬리학회 편, 『웨슬리 설교전집 1』(서울:대한기독교서회, 2006), p.129.

'내가 깨끗해진 다음에, 선해진 다음에 예수 믿겠습니다.' 라고 생각하는 것은 잘못입니다. 아이가 밖에 나가서 실컷 놀다 보니 몸도 더러워지고 옷도 더러워졌습니다. 해는 저물고 집에 들어가야 하는데 아이가 '몸을 깨끗이 씻고, 옷도 깨끗해진 다음에 집에 들어가야지.' 라고 생각한다면 그 아이는 집에 있는 부모님과의 관계에 문제가 있는 것입니다. 옷이 더러워지고 몸이 더러워졌기 때문에 더 빨리 집에 가야 합니다. 집에 가서 씻고 옷을 갈아입어야 합니다.

우리가 죄인이기 때문에 주님 앞에 나와야 합니다. 더 빨리 나와야 하고, 더 자주 회개해야 합니다. 왜냐하면 우리는 완벽한 사람이 아니기 때문입니다. 간혹 자신이 죄가 없다고, 죄인이 아니라고, 죄와 상관없다고 말하는 사람들이 있습니다. "내가 왜 죄인이라고 그래?" "나는 착한 일 많이 했고 잘못한 것 없어." 하며 스스로가 죄인임을 느끼지 못하는 경우가 있습니다.

여러분은 어떻습니까? 누구도 겉만 봐서는 알 수가 없습니다. 교회에서 한 자리에 앉아 예배를 드리지만 사람들의 마음과 태도는 모두 다릅니다. 설교가 시작되면 눈을 감고 졸기 시작하는 분도 있고, 주보를 뒤적이며 어쩌다 헌금 내고 명단에서 자기 이름을 찾는 분도 있고, 틀린 글자를 찾으려고 주보를 보는 분도 있습니다. 겉보기에는 한 공간에 모여 다 같이 예배를 드리는 것 같지만 마음과 생각과 태도는 다 다른 것입니다. 겉으로만 봐서는 모릅니다. 이상하게 모든 일을 삐딱하게 받아들이는 사람도 있습니다. 자기의 기준으로 자기를 바라봐서는 자신이 얼마나 부족한 사람인지 알 수 없습니다.

존 웨슬리의 위대한 유산

연약하고 부족해도 겸손할수록 귀히 쓰시는 하나님

예수님이 세상에 계실 때 열두 제자와 함께 많은 일을 하셨습니다. 만약 예수님이 열두 제자를 대상으로 학력과 경력, 적성을 종합해 컴퓨터로 분석했다면 어떤 결과가 나왔을까요? 야고보와 요한은 매우 이기적인 사람, 도마는 매사에 의심이 많고 부정적인 성격의 소유자, 베드로는 성격이 급해서 실수할 가능성이 높은 사람, 안드레는 너무 내성적이어서 매사에 추진력이 떨어지는 사람, 야고보는 혁명가적인 기질이 있어 위험한 존재, 세리 출신 마태는 자신의 이익만 아는 이기적인 사람이라는 평가가 나왔을 것입니다. 결국 제자들 중에 적격자는 가룟 유다뿐이었을 것입니다. 가룟 유다는 학식과 경험을 겸비했고 사업가의 감각과 사교성도 지니고 있었기 때문입니다. 그러나 기독교 역사를 변화시킨 사람은 자격 미달처럼 보이는 제자들이었고 세상적 판단으로 가장 유능한 것 같은 가룟 유다는 배신자로 낙인 찍혔습니다. 연약해도, 부족해도 하나님은 겸손하고 순종하는 사람을 사용하십니다.

하나님께서 우리를 사랑하시고 독생자 예수 그리스도를 통해 구원하신 이유는 하나입니다. 우리가 무엇을 했기 때문에, 무슨 교육을 받았기 때문에, 경력이 화려하기 때문에 구원하신 것이 아닙니다. 바로 예수 그리스도를 믿기 때문에 구원해 주신 것입니다. 아직 회개의 눈물을 흘리지 못할 수도 있습니다. 어쩌면 회개라는 단어 자체가 어색할 수도 있습니다. 그래도 예수께서

믿음으로 얻는 의

우리의 굳은 마음을 녹여 주실 때까지 우리의 눈을 예수님에게서 떼지 말아야 합니다. 그러면 어느 날 어느 순간 성령께서 완악한 우리 마음을 깨뜨리실 것입니다. 그리고 우리의 입술이 죄를 고백하며 예수 그리스도를 주로 인정하는 놀라운 역사가 나타나게 될 것입니다.

> 예수님께서 당신을 인정하시고 당신의 굳은 마음을 녹여 주시기까지 예수님을 지속적으로 바라보십시오. 당신의 굳은 마음이 깨뜨려질 때에는 당신의 '머리'가 '바다'가 되고 '당신의 눈은 눈물의 근원'이 될 것입니다.(렘 9:1) -존 웨슬리 지음, "믿음으로 얻는 의," 한국웨슬리학회 편, 『웨슬리 설교전집 1』(서울:대한기독교서회, 2006), p.129.
>
> Look steadily upon him till he looks on thee, and breaks thy hard heart. Then shall thy 'head be waters, and thy eyes fountains of tears.' -Albert C. Outler, 「The works of John Wesley-vol.1」, Abingdon Press, 1986, p.215.

간혹 하나님과 동행하는 삶을 결단하기 전에 숙제가 필요한 것으로 생각하는 분들도 있습니다. "신앙생활하기 전에 선한 일을 좀 더 하고 오겠습니다." "교회에 좀 더 다녀 보고 설교도 들으면서 생각해 보겠습니다." "담배도 끊고 술도 끊은 다음에 믿겠습니다." 그러나 하나님은 우리의 경험·경력이나 이력을 보시지 않습니다. 우리의 실적을 보시는 것도 아닙니다. 자신의 부족함을 인정하고 전능하신 하나님께 두 손 들고 나아오는 겸손을 원하십니다. 선하지 못해도, 많이 알지 못해도, 혹 술이나 담배를 해결하지 못했어도 하나님 마음에 합한 삶을 살기를 결단하고 겸손하게 주님 앞에 나아와 간구하시기 바랍니다. 하나님은 그런 사람을 들어 쓰십니다. 하나님은 교만한 사람을 싫어하십니다.

한 시골 마을에 교회가 있었습니다. 예수 믿는 사람들의 평안한 표정과 감사하며 사는 모습을 본 그 동네 유지 한 사람이 예수를 믿기로 작정했습니다. 얼마 지나지 않아 추수감사주일이 되었고 마을 유지는 쌀 두 가마를 헌금했습니다. 그 교회 추수감사절 예배 순서 중에는 성찬식이 있었습니다. 그런데 무슨 이유에서인지 교회에 쌀 두 가마를 헌금했던 그분이 추수감사절 성찬 예배를 드린 후부터 교회를 나오지 않았습니다. 나중에 이유를 알아보니 교회에 많은 것을 드린(쌀 두 가마) 자기와 다른 사람들을 똑같이 대우했다는 것이었습니다. "내가 쌀 두 가마를 바쳤는데, 그래 그 눈곱만한 빵 한 조각하고 쪼그만 잔에 포도주 한 잔 주고 끝나더라."고 하더랍니다. 결국 시험에 들게 된 이유는 자기가 많이 바쳤다고 하는 교만에서 온 것이었습니다. 그런 사람들은 하나님의 의가 아니라 자기의 의를 세우려고 자기를 드러내며 인정받으려 힘쓰는 사람들입니다.

많은 사람들이 "이것만 하고 나서 예수 믿겠습니다.", "이런이런 일이 끝나면 교회에 나가겠습니다."라고 합니다. 하지만 그 일이 끝날 때까지 하나님이 보장해 주실까요? 언제가 될지 모르는 나중에 그 일을 할 수 있는 기회가 정말 있을까요? 우리는 예수님이 다시 오실 그날이 언제인지, 몇 년 후가 될지, 어쩌면 오늘일지 알지 못합니다. 나중에 예수 믿고 나중에 신앙생활 시작할 여유가 우리에게는 없습니다. 그날과 그때를 우리는 알 수 없습니다. 부활하신 후 하늘로 올라가신 예수님에 대해 성경은 이렇게 기록하고 있습니다. "너희 가운데서 하늘로 올려지신 이 예수는 하늘로 가심을 본 그대로 오시리라."(행 1:11) 그러므로 지혜로운 사람은 하나님께서 우리에게 주신 말씀을 따라 지금 힘써 행하며 예수님이 다시 오실 그날을 기다리는 사람입니다.

예수 그리스도를 믿어야 효율적인 인생

여러분이 생각하는 내일은 언제까지인가요? 조물주 하나님의 섭리 속에 들어 있는 최상의 '목적'은 매일 매순간 하나님 마음에 합하게 사는 것입니다. 하나님과 동행하며 행복한 삶을 누리는 것이 피조물인 인간의 목적이 되어야 합니다. 하나님의 형상을 회복하는 최선의 길이자 유일한 '수단'은 하나님의 독생자 예수 그리스도를 믿는 것입니다. 죄인인 우리가 의인으로 인정받는 길도 하나입니다. 예수 그리스도를 믿는 것, 그것 외에는 없습니다.

한 가지 생각만 더 언급해 봅시다. 최상의 방법으로 최고의 목적을 바라는 것이 지혜입니다. 이제 어떤 피조물이라도 추구할 수 있는 최상의 목적은 하나님 안에서의 행복입니다. 그리고 타락한 피조물이 추구할 수 있는 최고의 목적은 하나님의 호의와 하나님의 형상의 회복입니다. 그러나 하늘 아래 인간에게 주어진

To mention but one consideration more. It is wisdom to aim at the best end by the best means. Now the best end which any creature can pursue is happiness in God. And the best end a fallen creature can pursue is the recovery of the favour and image of God. But the best, indeed the only means under heaven given to a man, whereby he may regain the favour of God, which is better than life itself, or the image of God, which is the true life of the soul, is the submitting to the 'righteousness which is of faith,' the believing in the only-begotten Son of God. -Albert C. Outler, 「The works of John Wesley-vol.1」, Abingdon Press, 1986, pp.213~214.

하나님의 호의 혹은 하나님의 형상을 회복할 수 있는 최선이며 실로 유일한 수단은 "믿음에 의한 의"(롬 10:6)를 따르는 것입니다. 즉 하나님의 독생자를 믿는 일입니다. 이 하나님의 호의야말로 생명 그것보다도 귀한 것이요, 이 하나님의 형상이야말로 영혼의 진정한 생명인 것입니다.
－존 웨슬리 지음, "믿음으로 얻는 의," 한국웨슬리학회 편, 『웨슬리 설교전집 1』(서울:대한기독교서회, 2006), p.128.

하나님께서는 약속하셨습니다. "내가 그들의 불의를 긍휼히 여기고 그들의 죄를 다시 기억하지 아니하리라."(히 8:12) 다시 말하면, "나는 그들이 저지른 악한 일을 다 용서하고, 그들의 죄를 더 이상 기억하지 않을 것이다."(쉬운성경)라고 하셨습니다. 이 약속의 말씀을 믿고 예수 이름으로 하나님 앞에 서시기 바랍니다. 우리는 죄인이지만 기억하지 않겠다고 하시는 하나님을 믿고 하나님 앞에 서는 것입니다.

믿음으로 이르는 천국의 길을 방해하는 문제가 있습니까? 은혜의 길을 향해 가는 데 걸리는 일이 있습니까? '내가 구원받을 수 있을까?' '나 같은 사람도 하나님의 자녀가 될 수 있을까?' 하는 의심이 드십니까? 하나님 앞에 다 내려놓아야 합니다. 앞에서 말씀드린 대로 밖에 나가 놀던 아이의 옷과 몸이 더러워졌습니다. 그런데 그 아이가 집에 들어오려는데 엄마가 문을 잠그고 아이에게 '씻고 와. 옷 깨끗이 빨아 입고 들어와.' 라고 말할까요? 더러울수록, 지저분할수록 더 빨리 집으로 들여서 아이를 씻기고, 빨아 놓은 깨끗한 옷으로 갈아입힐 것입니다. 그것이 엄마의 사랑입니다.

하나님이 우리를 부르십니다. 있는 모습 그대로 우리를 사랑하시는 하나님, 있는 모습 그대로 우리를 영접해 주시는 하나님께서 우리를 강한 믿음의 군사가 되게 하실 것입니다. 하나님 아버지의 사랑과 예수 그리스도의 복음을 마음으로 믿고, 입술로 고백하며, 의롭다 칭찬받는 하나님의 자녀로 사시는 승리의 주인공이 되십시오.

전능하신 하나님, 감사합니다.
하나님의 선하시고 온전하신 뜻을 따라
하나님 마음에 합한 삶을 살기를 원합니다.
그러나 우리가 연약하여 스스로 포기할 때도 있고,
스스로 세상을 향하여 나아갈 때가 있음을 고백합니다.
연약하고 부족하지만 그럼에도 불구하고 받아 주시는
하나님의 극진하신 사랑을 깨닫고
믿음으로 구원받은 하늘 백성으로 살게 하여 주시옵소서.
예수님의 이름으로 기도하옵나이다. 아멘.

존 웨슬리의 위대한 유산

『존 웨슬리』 설교 시리즈 **12**

은총의 수단
The Means of Grace

And, First, all who desire the grace of God
are to wait for it in the way of prayer. This is
the express direction of our Lord himself. In
his Sermon upon the Mount, after explaining
at large wherein religion consists, and
describing the main branches of it, he adds,
"Ask, and it shall be given you; seek, and ye
shall find; knock, and it shall be opened unto
you:For everyone that asketh receiveth; and he
that seeketh findeth; and to him that knocketh
it shall be opened." (Matt. 7:7, 8.) Here we
are in the plainest manner directed to ask, in
order to, or as a means of, receiving; to seek, in
order to find, the grace of God, the pearl of
great price; and to knock, to continue asking
and seeking, if we would enter into his
kingdom.

만군의 여호와가 이르노라 너희 조상들의 날로부터 너희가
나의 규례를 떠나 지키지 아니하였도다 그런즉 내게로 돌아오라
그리하면 나도 너희에게로 돌아가리라 하였더니 너희가 이르기를
우리가 어떻게 하여야 돌아가리이까 하는도다

말라기 3장 7절

예수 믿고 천국을 향해 가는 성도라면 누구에게든지 어디서라도 "예수 믿으십시오. 그래야 구원을 받습니다."(행 16:31)라고 말할 수 있어야 합니다. 그러나 복음이 생소한 사람들은 "어떻게 하면 예수님을 믿을 수 있습니까?"라고 반문합니다. 그럴 때 여러분은 뭐라고 답하시겠습니까? 웨슬리 목사님은 믿음을 갖기 위해서는 하나님을 기대하며 기다려야 한다고 말했습니다. 그리고 어떻게 해야 하나님을 기다릴 수 있는지를 '은총의 수단'이라는 설교를 통해 가르쳐 주었습니다.

이스라엘 민족이 하나님의 명령과 법칙을 지키지 않고 하나님께로부터 멀어지자 하나님께서 말씀하셨습니다. "내게로 돌아오라 그리하면 나도 너희에게로 돌아가리라."(말 3:7) 그러자 사람들이 오히려 하나님께 물었습니다. "우리가 어떻게 하여야 돌아가리이까."(말 3:7) 하나님께서 먼저 '돌아오기만 하면 이전의 모든 문제가 회복될 것이다.'라고 하셨음에도 불구하고 정작 이스라엘 사람들은 어떻게 해야 하나님께 돌아갈 수 있는지를 모를 만큼 하나님께로부터 멀리 떠나 있었습니다. 집에 돌아가는 방법조차 모를 만큼 집을 떠나 있었다면 그 사람은 문제가 있는 것입니다. 이스라엘 사람들은 하나님을 떠나서 하나님께 돌아가는 방법을 몰랐습니다.

하나님을 향한 사랑이 약해지고 변한 것은 말라기로 끝을 맺는 구약시대의 이야기만은 아닙니다. 많은 성도들이 성령 충만을 경험했던 초대교회는 모범이 되는 교회였습니다. 믿는 성도들이 다함께 생활하며 모든 물건을 서로 통용했고(행 2:44), 사랑 안에서 서로 교제하며 기도하기에 힘썼습니다.(행 2:42) 그러나 시간이 지나면서 성도들의 사랑이 변해갔습니다. 예수님을 향한 열정이 점차 흐려졌습니다. 다른 사람들에게 잘 보이려는 외적 행위만 남은 채, 마음을 다해 하나님과 이웃을 사랑하고(마 22:37, 39) 하나님의 능력을 믿는 믿음으로 살아가려는 결심은(골 2:12) 약해지고 있었습니다.

그들은 영과 진리로 예배하는 자를 찾으시는 하나님께(요 4:24) 영과 진리로 최선을 다해 예배드리지 않고 형식에 얽매이기 시작했습니다. 하나님께서 받으실 만한 예배가 아니라 '시간 때우는 예배, 절차만 진행하는 예배, 또 주일이구나, 몇 시쯤 끝날까?' 하는 마음으로 형식만 갖추는 예배를 드렸습니다. 하지만 하나님은 그런 예배를 받으시지 않습니다. 하나님께서는 오늘도 동행의 기쁨을 누리지 못하는 사람들에게 말씀하십니다. "내게로 돌아오라 그리하면 나도 너희에게로 돌아가리라."

Go! Go! 기도 속으로

웨슬리 목사님은 하나님과의 관계를 회복하고 동행하기 원하는 사람들에게 하나님의 은혜가 전달되는 통로를 '은총의 수단'이라고 했습니다. 이렇게 표현하는 것은 그보다 더 좋은 표현을 찾지 못했기 때문이라고 했습니다.

하나님의 은혜를 구하는 성도는 가장 먼저 하나님과의 관계를 바르게 해야 합니다. 무엇보다 기도함으로써 은혜를 구해야 합니다. 기도는 허물을 고백하고, 용서를 구하며, 하나님의 뜻을 구하고, 하나님의 은혜를 감사하는, 하나님과 소통하는 한 방편입니다. 그런데 기도를 자기 욕심을 채우기 위해 간구하는 것이나, 단지 하나님께 넋두리하는 것으로 이해하는 이들이 많습니다.

어느 엄마가 저녁에 아이를 재우면서 기도를 하고 자라고 가르쳤습니다. 그러자 아이가 이렇게 기도했습니다. "하나님, 하나님은 모든 사람을 사랑한다고 하셨지요? 그럼 하나님, 우리 형을 꼭 한번 만나보세요. 생각이 달라지실 거예요." 엄마는 아이에게 그렇게 기도하지 말고 하나님께 감사한 일들을 표현하라고 가르쳤습니다. 다음 날, 아이는 엄마와 함께 잠자리에 들면서 이렇게 기도했습니다. "하나님, 제가 천국 가게 해주셔서 감사해요. 저는 천국에 얼른 가고 싶어요. 거기에 가면 우리 형이 없을 거니까요."

기도는 자신의 욕심을 채우는 방법이 아닙니다. 기도는 '내가 듣고 싶은 것을 듣는 것'이 아닙니다. 기도는 허물을 고백하고 하나님의 은혜를 맛보는 방편입니다. 예수님은 마태복음 5~7장에서 하나님의 자녀 된 성도들이 어떻게 살아야 하는지를 가르쳐 주신 뒤에 이렇게 덧붙이셨습니다. "구하라 그리하면 너희에게 주실 것이요 찾으라 그리하면 찾아낼 것이요 문을 두드리라 그리하면 너희에게 열릴 것이니 구하는 이마다 받을 것이요 찾는 이는 찾아낼 것이요 두드리는 이에게는 열릴 것이니라."(마 7:7~8) 하나님 나라에 들어가고자 한다면 구하고, 찾고, 문을 두드리는 일을 계속해야 합니다.

하나님의 은혜를 열망하는 자는, 첫째로 그것을 기도로써 대망해야 합니다. 이것은 우리 주님께서 분명하게 말씀하신 지시입니다. 산상수훈에서 종교가 어떻게 성립되었는가를 자세히 설명하시고 그 중요한 면을 기록한 뒤에 주님께서는 첨가해서 말씀하셨습니다. "구하라 그러면 너희에게 주실 것이요 찾으라 그러면 찾을 것이요 문을 두드리라 그리하면 너희에게 열릴 것이니 구하는 이마다 얻을 것이요 찾는 이가 찾을 것이요 두드리는 이에게 열릴 것이니라."(마 7:7~8)

여기서 우리는 가장 명백한 방식이 지시되어 있음을 알 수 있지만, 매우 값비

And, First, all who desire the grace of God are to wait for it in the way of *prayer*. This is the express direction of our Lord himself. In his Sermon upon the Mount, after explaining at large wherein religion consists, and describing the main branches of it, he adds: 'Ask, and it shall be given you; seek, and ye shall find; knock, and it shall be opened unto you. For everyone that asketh, receiveth; and he that seeketh, findeth; and to him that knocketh, it shall be opened.' Here we are in the plainest manner directed to ask in order to, or as a *means* of, receiving; to seek, in order to find the grace of God, the pearl of great price; and to knock, to continue asking and seeking, if we would enter into his kingdom. -Albert C. Outler, 「The works of John Wesley-vol.1」, Abingdon Press, 1986, p.384.

존 웨슬리의 위대한 유산

싼 진주(마 13:46)인 하나님의 은혜를 찾아내기 위해서는 탐구하지 않으면 안 됩니다. 하나님 나라에 들어가기를 바란다면 구하고 찾고 문을 두드리는 일을 계속해야만 합니다. –존 웨슬리 지음, "은총의 수단," 한국웨슬리학회 편, 『웨슬리 설교전집 1』(서울:대한기독교서회, 2006), p.326.

예수님은 이어지는 말씀에서, 우리가 구하면 하나님께서 주신다는 사실을 의심하지 않도록 이렇게 설명하셨습니다. "너희 중에 누가 아들이 떡을 달라 하는데 돌을 주며 생선을 달라 하는데 뱀을 줄 사람이 있겠느냐…하늘에 계신 너희 아버지께서 구하는 자에게 좋은 것으로 주시지 않겠느냐."(마 7:9~11) 이와 유사한 성경의 다른 구절에서는 하나님께서 주실 '좋은 것'이 무엇인지를 알려줍니다. "하물며 너희 하늘 아버지께서 구하는 자에게 성령을 주시지 않겠느냐."(눅 11:13) 우리가 구하면 하나님께서 가르치시고 생각나게 하시는 성령을 보내 주십니다. 성령을 받기 위해 반드시 필요한 것 중의 하나가 기도입니다.

성경은 분명히 밝히고 있습니다. "너희가 얻지 못함은 구하지 아니하기 때문이요."(약 4:2) 그러므로 우리가 하나님께 구한다면 "후히 주시고 꾸짖지 아니하시는" 하나님께서 응답하시고 채우실 것을 믿어야 합니다. 하나님과 나의 관계를 계속 유지해야 하고, 생활 전체가 하나님과 소통이 되도록 해야 합니다.

Go! Go! 성경 속으로

하나님의 은혜를 구하는 성도는 하나님의 말씀인 성경을 읽어야 합니다. 사도 바울이 실라와 함께 베뢰아에서 복음을 전하던 때입니다. 바울을 통해 하나님을 알게 되고 예수 그리스도를 영접하게 된 베뢰아 사람들은 바울의 말이 사실인지 더 알고 싶어서 날마다 성경을 자세히 공부했고 그로 인해 믿는 사람의 수가 늘었습니다.(행 17:11~12)

성경 말씀을 읽으려 하고, 들으려 하고, 배우려 해야 합니다. '믿음은 들음에서 난다'(롬 10:17)고 했습니다. 말씀을 들은 사람들과 그렇지 않은 사람들과는 믿음에 차이가 있습니다. 왜냐하면 말씀을 들은 성도들은 믿음이 나아지기 때문입니다.

우리 교회에서는 아기가 태어난 후 처음 교회에 나와 예배드리는 날 강단에 나와 기도를 받습니다. 그때 축하 선물로 두 가지를 줍니다. 양말 두 켤레와 유아용 성경책입니다. 부모들은 선물로 받은 성경을 그냥 책꽂이에 꽂아두어서는 안 됩니다. 성경을 아이들 곁에 두어야 합니다. 찢기도 하고 입에 가져가 침범벅을 만들기도 하지만, 그래도 하나님의 말씀을 가까이하며 자라라는 뜻에서 주는 선물입니다. 오래 전 이스라엘 백성들은 아이에게 성경에 꿀을 발라서 입으로 빨게 했다고 합니다. 태어나면서부터 하나님의 말씀이 달다는 인식을 갖게 하기 위해서였습니다.

총과 마약, 성경에는 공통점이 있습니다. 모두 '죽이는' 일을 합니다. 총은 사람의 육신을 죽입니다. 마약은 사람의 정신을 죽입니다. 성경은 사람의 욕심을 죽이고, 자아를 죽입니다. 사실 총이나 마약, 성경의 본래 목적은 죽이는 게 아니라 '살리는' 것입니다. 총은 위험으로부터 자신을 보호하는 데 가장 효과적인 도구이며, 응급환자를 살리는 일엔 아주 소량의 마약도 특효라고 합니다. 그리고 성경은 죄로 인하여 죽었던 우리를 예수 안에서 새 생명을 얻게 합니다.

미국 예일대학교 총장을 지낸 W. L. 펠프 박사는 이렇게 말했습니다. "나는 대학 교육이 얼마나 중요한지 잘 알고 있습니다. 그러나 성경 교육이 없는 대학 교육보다는 대학 교육 없는 성경 교육이 인간을 고귀하게 만드는 데에는 더 낫습니다."

성경을 읽고 묵상하고 공부하는 일은 하나님께서 우리에게 참된 지혜를 주시는 방편입니다. 그리고 우리의 믿음을 견고하게 하며 은혜를 더해 주시는 값진 수단입니다. 바울 또한 디모데에게 하나님의 말씀이 주는 유익을 이렇게 전했습니다. "성경은 능히 너로 하여금 그리스도 예수 안에 있는 믿음으로 말미암아 구원에 이르는 지혜가 있게 하느니라."(딤후 3:15) 그러므로 마음속에 성령의 빛이 밝아 오기를 바라는 성도라면 어둠을 비추는 등불 같은 하나님 말씀을(벧후 1:19) 가까이해야 합니다. 말씀을 들으려 하고, 읽으려 하고, 배우려고 해야 합니다. 왜냐하면 거기에 하나님의 뜻이 담겨 있기 때문입니다.

Go! Go! 성찬 속으로

하나님의 은혜가 더해지기를 바라는 사람은 누구나 주님의 살과 피를 나누는 성찬 예식에 참여해야 합니다. 우리 교회에서는 매월 1일 새벽마다 성찬식을 거행합니다. 그리고 창립기념주일, 세계성찬주일이나 고난주간, 송구영신예배 등 특별한 절기에 성찬식을 갖습니다. 어떤 분들이 말씀하십니다. "포도주는 맛이 있는데 얇고 하얀 과자 또는 작은 빵은 맛이 없어요. 맛있는 것으로 바꾸면 안 되나요?" 포도주는 예수님의 피를 상징하고, 성찬 빵은 예수님의 몸을 상징합니다. 죄송하고, 감사한 마음으로 성찬을 해야 합니다. 또 어떤 분은 말합니다. "주일에 모두가 다 성찬을 받으려면 시간도 오래 걸리는데 원하는 사람만 참여하면 안 되나요?" 그러나 예수님이 분명히 말씀하셨습니다. "받아서 먹으라…너희가 다 이것을 마시라."(마 26:26~27) 이 말씀은 단순한 권고가 아닙니다. 행동에 대한 허락도 아닙니다. 그것은 명백하고 분명한 명령입니다. 명령은 따르는 것입니다.

성경을 읽고 하나님의 뜻을 깨닫는 사람은 주님의 몸과 피를 먹고 마심으로 주님과 하나 된 의식에 참여할 수 있어야 합니다. 한국 감리교 최초의 성찬식은 1887년 10월 23일 아펜젤러 선교사에 의해 마련된 벧엘 예배당에서 열렸습니다. 여기에는 한국 최초의 개신교 여성 세례자인 최 씨 부인(29살, 최성균의 부인)과 최 씨, 장 씨, 강 씨, 한 씨와 스크랜튼 선교사가 참석했고 집전은 아펜젤러 선교사가 했습니다. 이 땅에서 예수 그리스도의 살과

존 웨슬리의 위대한 유산

피를 기념하는 거룩한 예식의 역사는 120년이 조금 넘을 뿐입니다.(강준만, 『한국 근대사 산책 2』(서울 : 인물과사상사, 2007), p.32)

예수 그리스도의 살과 피를 먹고 마시는 성찬 예식은 우리에게 은혜를 전하시는 하나님의 방법입니다. 그러므로 하나님의 은혜를 바라는 성도라면 거룩한 예식의 의미와 목적이 무엇인지 이해하고 '나를 위해 죽으신 예수 그리스도에게 순종하는 마음'으로 떡을 먹고 잔을 마셔야 합니다.(고전 11:28)

For as often as ye eat this bread and drink this cup, ye do show forth the Lord's death till he come:' - ye openly exhibit the same by these visible signs, before God, and angels, and men; ye manifest your solemn remembrance of his death, till he cometh in the clouds of heaven. Only 'let a man (first)' 'examine himself,' whether he understand the nature and design of this holy institution, and whether he really desire to be himself made conformable to the death of Christ; and so (nothing doubting) let him eat of that bread and drink of that cup.' (1 Cor. 11:28) -Albert C. Outler, 「The works of John Wesley-vol.1」, Abingdon Press, 1986, p.389.

당신들은 공공연히 하나님과 천사들과 사람들 앞에서 이런 표상으로 주의 죽으심을 명시하는 것입니다. 당신들은 주께서 하늘 구름을 타고 오실 때까지 주의 죽으심을 엄숙하게 기념하고 있다는 사실을 분명히 나타내는 것입니다. 다만 먼저 '자기를 살피고 그 후에' 참여해야 할 것입니다.(고전 11:28) 자신이 이 거룩한 규정의 본질과 목적을 이해하고 있는가 그렇지 않은가, 참으로 그리스도의 죽음에 자신을 순종하는 자로 드리기를 바라고 있는가 그렇지 않은가를 살피고 의심을 없이한 후에 이 떡을 먹고 이 잔을 마셔야 합니다.(고전 11:28) -존 웨슬리 지음, "은총의 수단," 한국웨슬리학회 편, 『웨슬리 설교전집 1』(서울:대한기독교서회, 2006), p.332.

예수 믿는 우리는 성찬을 귀히 여겨야 하고, 성찬에서 빠지지 않도록 신경을 써야 합니다. 초대교회도 그랬고, 기독교 역사에도 보면 교회에서 징계를 내리는 것 중에 무거운 벌이 성찬을 금지(수찬 정지)시키는 것이었습니다.(고전 11:17~34) 성찬은 그만큼 귀한 것입니다. 그런데 성찬을 소홀히 여기는 이들이 많습니다.

토마스 아 켐피스가 쓴 『그리스도를 본받아』라는 책에 이런 내용이 있습니다.

(하나님이) 지금 나와 함께 여기 성찬대에 임재하여 계십니다. 이곳에는 들뜬 기분이나 호기심이나 감상적인 기분에 사로잡히지 않고 확고한 신앙심과 신실한 소망과 진실한 사랑을 지닌 자만이 참여하도록 해야 할 것입니다. 하나님, 눈으로 볼 수 없는 창조주시여, 당신은 우리 인간을 어찌 이렇게도 잘 대해 주십니까! 더욱이 성찬식에서 당신의 몸을 양식으로 서슴지 않고 내어 주시면서까지 선택하신 자에게 모든 것을 다 맡기시니, 어찌 이토록 친절하고 고마울 수가 있겠습니까.

오, 성찬식이라는 이 오묘하고 신비스러운 은총! 이것은 그리스도의 충실한 종들만이 아는 것이며, 비신자(非信者)들과 죄의 노예 같은 사람들은 결코 체험할 수 없는 것입니다. 이 성찬식에서는 영적인 은총이 베풀어지고, 잃었던 영혼의 힘이 회복되고, 죄로 말미암아 추악해진 아름다움이 다시 되살아납니다. 수많은 사람들이 성찬식을 대수롭지 않게 여기는 것은 참으로 통탄할 일입니다.

아아, 무지몽매하고 완고한 인간의 마음이여! 이토록 기막힌 은혜를 대수롭지 않게 여길 뿐만 아니라 매일같이 접하다 보니 아무것도 아닌 것처럼 여기다니! —토마스 아 켐피스 지음, 조항래 옮김, 『그리스도를 본받아』(서울:예찬사, 1987), pp.255~261.

성찬을 소홀히 여기는 사람들을 향해 안타까운 마음으로 외친 글입니다. 기도함으로 하나님과 소통하고 말씀을 통해 하나님의 뜻을 깨닫고 성찬을 통해 주님과 한 몸이 되는 은총의 수단을 귀히 여기는 성도들이 되어야 합니다.

하나님께 한발 더 가까이

그런데 그 가치는 사람들이 값을 매길 수 있는 것이 아닙니다. 예를 들어 마이크의 가치는 마이크가 만들어진 목적에 맞게 사용될 때 인정받습니다. 마이크의 값은 만든 사람들의 수고와 그 사람이 받기 원하는 액수, 사고자 하는 사람의 필요에 따라 가격이 정해집니다. 그런데 아무리 다이아몬드를 박고 금으로 만들었어도 사람의 목소리를 크게 증폭시켜 주는 본래의 목적을 이루지 못하면 버려질 수밖에 없습니다.

은총의 수단도 마찬가지입니다. 기도, 성경, 성찬, 이 모두에 하나님께서 역사하시지 않는다면 아무런 가치가 없습니다. 사람들이 모여서 떡을 떼고 포도주를 나눈다 해도 의미가 없는 것입니다. 우리가 기도할 때 말하는 화려한 단어와 어휘, 성경을 읽고 배울 때 보게 되는 거룩한 표현과 알아가는 즐거움, 그리고 성찬식에서 먹고 마시는 떡과 포도주 그 자체에는 특별함이 없습니다. 우리가 하나님과 동행하게 하는 그 목적에서 분리된다면 은총의 수단도 아무 유익이 없는 것입니다. 다시 말해서 우리가 온갖 수단을 다 쓴다고 해도 예수 그리스도를 믿고 그 피로 구원받지 않으면 그 모든 수단의 의미는 사라지고 마는 것입니다.

또 단언컨대, 만일 어떤 외적 수단이 하나님의 영으로부터 분리되었다면 전혀 유익이 없을 것이며, 하나님의 지식 혹은 사랑에 조금도 부응할 수가 없을 것입니다. 물론 당위에서 이루어지는 도움은 모두 하나님께서 주시는 것입니다. 자신의 전능하신 능력으로 그 눈에 합당하다고 여기시는 것을 우리 가운데서 행하시는 이는 하나님뿐이십니다.

그리고 모든 외적 사물은 하나님께서 역사하시지 않는다면 다만 약하고 또 비천한 요소에 불과합니다.(갈 4:9) 그러므로 어떤 수단이든지 거기 무슨 고유한 힘이 있을 것이라고 상상하는 자는 모두 크게

We allow likewise that all outward means whatever, if separate from the Spirit of God, cannot profit at all, cannot conduce, in any degree either to the knowledge or love of God. Without controversy, the help that is done upon earth, he doeth it himself. It is He alone who, by his own almighty power, worketh in us what is pleasing in his sight. And all outward things, unless He work in them and by them, are mere weak and beggarly elements. Whosoever therefore imagines there is any intrinsic *power* in any means whatsoever does greatly err, not knowing the Scriptures, neither the power of God. We know that there is no inherent power in the words that are spoken in prayer, in the letter of Scripture read, the sound thereof heard, or the bread and wine received in the Lord's Supper; but that it is God alone who is the giver of every good gift, the author of all grace; that the whole power is of him, whereby through any of these, there is any blessing conveyed to our soul. We know likewise that he is able to give the same grace, though there were no means on the face of the earth. -Albert C. Outler, 「The works of John Wesley-vol.1」, Abingdon Press, 1986, p.382.

그릇된 생각을 하고 있는 것입니다. 그것은 성경도, 하나님의 능력도 모르는 일입니다. 기도에서의 말, 성경을 읽을 때의 문자, 들리는 음향, 주님의 성찬에서 받은 떡과 포도주 안에는 전혀 특별한 힘이 없다는 사실을 우리는 알고 있습니다.

모든 좋은 선물의 부여자(약 1:17)는 하나님이시며 모든 은혜는 하나님으로부터 나옵니다. 모든 능력은 하나님에게서 나오는 것이요, 그러한 수단을 통하여 하나님의 능력이 우리 영혼에 전달되는 축복이 존재하는 것입니다. 또 전혀 그러한 수단이 존재하지 않을지라도 하나님께서는 같은 은혜를 주실 수 있다는 것을 우리는 알고 있습니다. -존 웨슬리 지음, "은총의 수단," 한국웨슬리학회 편, 『웨슬리 설교전집 1』(서울:대한기독교서회, 2006), pp.322~323.

여러분은 기도하자, 성경 읽고 배우자, 성찬을 귀히 여기고 받자, 이런 일들이 중요하다는 것을 모두 알고 계실 것입니다. 더 중요한 것은 그런 것을 알고 말씀을 들은 사람이 '어떻게 살아가는가' 하는 것입니다. 다시 말해 '들어서 아는 대로, 배워서 깨달은 대로 실천하는가?' 하는 것입니다. 가정에서, 일터에서 우리가 하나님과 동행하고자 하는 열정으로 하나님께 가까이 다가가려 노력할 때에만, 그리고 하나님 마음에 들기 위해 노력하며 살 때에만 기도와 성경과 성찬이 우리에게 은총의 수단이 되는 것입니다.

우리는 입을 열어 기도하고, 눈을 떠 성경 읽고, 귀를 열어 말씀을 듣고 배우고, 성찬을 귀히 받으며 하나님께 다가가려는 노력을 해야 합니다. 하나님의 뜻을 이루고자 하는 삶을 살기 위해 노력할 때 하나님께서 은총을 주시고 귀중히 여김을 받는 복을 주십니다. 그래서 우리는 예배를 드리며 하나님을 찬양하고, 하나님께 예물 드리고, 하나님의 말씀을 듣고, 하나님의 뜻을 깨달아 하나님 마음에 합한 삶을 결단하고, 하나님의 뜻을 실천하여 하나님의 백성으로서의 빛과 소금의 역할을 감당해야 합니다. 때로 힘들고 어렵지만, 낙심되어 넘어지고 쓰러져도 또 일어나서 저 높은 곳을 향해 가야 합니다. 그래서 훗날 '착하고 충성된 종'이라는 칭찬받는 자리의 주인공이 되어야 합니다.

전능하신 하나님!

우리로 예수 믿게 하셨습니다.

구원 받게 하셨습니다.

하늘의 소망을 가지고 살게 하셨습니다.

감사합니다.

하나님의 선하신 뜻을 발견하는 일에 앞장서게 하옵소서.

하나님과 소통하는 기도에 최선을 다하게 하옵소서.

하나님의 뜻을 깨닫기 위하여 성경을 읽고, 배우고, 실천하는

하늘 백성 되게 하옵소서.

성찬을 귀히 여기고 성찬에 기쁨으로 참여하게 하시고,

하나님의 뜻을 이루어가는 복된 삶의 주인공이 되게 하옵소서.

예수님의 이름으로 기도하옵나이다.

아멘.

존 웨슬리의 위대한 유산

『존 웨슬리』 설교 시리즈 **13**

그리스도인의 완전
Christian Perfection

There is scarce any expression in Holy Writ which
has given more offence than this. The word
'perfect' is what many cannot bear. ··· But are
they not found in the oracles of God? If so, by
what authority can any Messenger of God lay
them aside, even though all men should be
offended? ··· We may not therefore lay these
expressions aside, seeing they are the words of
God, and not of man. But we may and ought to
explain the meaning of them. ··· And this is the
more needful to be done because in the verse
already repeated the Apostle speaks of himself as
not perfect: 'Not,' saith he, 'as though I were
already perfect.' And yet immediately after, in
the fifteenth verse, he speaks of himself, yea and
many others, as perfect. 'Let us,' saith he, 'as
many as be perfect, be thus minded.'

내가 이미 얻었다 함도 아니요 온전히 이루었다 함도 아니라 오직 내가
그리스도 예수께 잡힌 바 된 그것을 잡으려고 달려가노라

빌립보서 3장 12절

> 피조물인 인간에게 어울리지 않는 단어가 있다면 그것은 '완전'일 것입니다. 완전의 사전적 정의는 '필요한 것이 모두 갖춰져 모자람이나 흠이 없다.'는 뜻입니다. 비슷한 말로는 '완벽,' '온전' 정도를 들 수 있고, 영어로는 'complete, full, perfect'로 번역할 수 있습니다. 그러므로 완전이라는 말은 '절대적인 상태', '최고 수준', '최상급'과 같은 개념으로 이해할 수 있습니다. 누구나 완벽을 소망합니다. 그러나 모든 인간은 모자라고 흠이 많습니다. 그래서 완전이라는 말은 많은 그리스도인에게 부담을 주는 말이기도 합니다.

완전하지 못한 인간의 지식

인간은 지식에 있어서 완전치 않습니다. 체험상으로나 성경상으로나 그렇습니다. 그리스도인들이 아무리 많이 배우고 기도해도 무지로부터 자유로울 만큼 완전하지 못합니다.

물론 그리스도인들은 하나님이 세상과 인간을 창조하셨다는 것과 타락한 인간을 구원하기 위해서 예수님이 이 땅에 오신 것을 압니다. 성령이 우리 가운데 행하시는 역사에 대해서도 알며 무엇이 하나님 마음에 합한 삶인가에 대해서도 압니다. 그렇다고 해서 하나님에 대해 다 안다고 말할 수는 없습니다. 성부, 성자, 성령의 삼위일체 하나님에 대해서도 받아들이고 말은 하며 고개는 끄덕여도 정확히 이해하지 못하고 정확히 표현하지 못합니다. 한 분이면서 세 분이고, 세 분이면서 한 분이신 하나님, 성부와 성자와 성령이 하나이시고 또 셋이신 하나님이 머리로 이해가 갑니까?

기독교 신학자들이나 과학자들이 여러 가지로 증명하려 하고 설명하고 있지만 여전히 이해하기 어려운 신비로운 일 중에 제일이 '삼위일체의 하나님의 신비'일 것입니다. 그러나 성경에는 삼위일체 말고도 비슷한 경우가 있습니다. 둘이 하나이고 하나가 둘이라는 계산입니다. 즉 한 남자와 한 여자가 부부가 되면 둘이 아니요 한 몸이므로 사람이 나누지 못한다는 비밀입니다.(마 19:5~6) 1+1=1이라는 계산입니다. 이러한 사실을 수학적으로 '복합적 단일'이라는 말로 표현합니다. 이것은 둘 이상이면서도 하나이고, 하나이면서도 여럿이라는 이상한 수학입니다.

선교의 지상명령이라고 알려진 예수님의 마지막 말씀에서 예수님은 "너희는 가서 모든 민족을 제자로 삼아 아버지와 아들과 성령의 이름으로 세례를 주라"(마 28:19)고 하셨습니다. 이 명령에서 "아버지와 아들과 성령"이 셋이니 '이름들'이라고 쓸 것

같은데 삼위는 일체이시기에 '이름'이라는 명사가 복수형이 아닌 단수로 쓰였습니다. 이와 같이 세 분이시며 동시에 한 분이시고, 한 분이시나 세 분이신 하나님을 '삼위일체'라는 말로 표현합니다. 성경에서 삼위일체라는 말이 쓰이지는 않으나 삼위일체의 하나님이란 "하나님은 한 분이시며 이 한 분이신 하나님 안에 세 위격이 계시고, 이 세 위격은 동시에 동일한 하나님이시다."라고 진술할 수 있습니다. 그러므로 성령은 하나님의 다른 표현이며, 예수님의 다른 모습이고, 현재 우리와 함께 계시며 일하시는 분입니다.

우리는 하나님으로부터 받은 사랑의 내용과 깊이와 넓이를 다 알 수 없습니다. 찬송가 304장에 보면 "하늘을 두루마리 삼고 바다를 먹물 삼아도 한없는 하나님의 사랑 다 기록할 수 없겠네 하나님의 크신 사랑 그 어찌 다 쓸까 저 하늘 높이 쌓아도 채우지 못하리"라고 하였습니다. 또 우리는 하나님의 역사도 다 알 수 없습니다. 지금 내 앞에 있는 절망과 좌절이 언제 어떻게 하나님의 방법으로 변하여 선하게 바뀔지 아무도 장담할 수 없습니다. 예전에는 눈물 흘리고 괴로웠는데 지나고 보니 하나님의 은혜였던 적이 많습니다. 우리는 또 언제 예수님이 다시 오실지도 알 수 없습니다. 누가복음 21장 34절에 보면 "그날이 덫과 같이" 임한다고 하였고, 데살로니가전서 5장 4절에는 "그날이 도둑같이" 임한다고 하였습니다. 다만 우리가 알고 있는 사실은 언제 다시 오실지 모르기 때문에 '늘 깨어 있어야 한다.'는 것입니다.

이 외에도 인간이 모르는 것이 너무나 많습니다. 영국의 물리학자이자 천문학자인 아이작 뉴턴(Isaac Newton, 1642~1727)은 중력의 법칙을 발견했음에도 자신에 대해 '진리의 대양 앞에서 매끈한 조약돌을 찾으려는 소년'에 불과하다고 했습니다. 미국에서 발행하는 과학 저널 『사이언스』는 창간 20주년 기념으로 현대 과학자들이 해결하고 싶어 하는 과학적 질문을 25개로 정리했습니다. 거기에 이런 내용이 있습니다. "우주는 무엇으로 만들어졌을까?" 인간은 우주의 95%를 구성하는 물질에 대해 아는 바가 없다고 합니다. 우주선을 타고 달뿐 아니라 수많은 행성에 가도 우주가 무엇으로 만들어졌는지 알 수 없다고 합니다. "지구 내부는 어떻게 움직이고 있을까?" 지구 표면에서 지구 중심까지의 거리는 6,400km에 달합니다. 하지만 인간은 아직 4km까지밖에 들어가지 못했습니다. 그 이상으로 들어가면 온도가 너무 높아 어떤 물질이라도 녹기 때문이라고 합니다. 지구 위에서 살지만 지구 안에 뭐가 있는지 모른 채 살아갑니다. 이 외에도 인간의 의식이 무엇인지, 의식이 어디에 있는지, 기억이 어떻게 저장되는지, 동물이 겨울잠을 어떻게 자는지, 왜 어떤 사람은 오른손잡이이고 어떤 사람은 왼손잡이인지 알 수가 없습니다. 하품은 왜 나오는지, 딸꾹질은 왜 나는지, 남자들의 젖꼭지는 왜 있는지, 왜 여자들은 턱 밑에 수염이 나지 않는지, 왜 사람마다 혈액형이 다른지 알 수가 없습니다. 이처럼 인간은 지식에 있어서 완전하지 못합니다.

스테픈 주안의 책 『호모 사피엔스의 155가지 신비』를 보면 왜 나는 왼손으로 돈을 세고, 오른손으로 밥을 먹는지, 배꼽은 왜

아물지 않는지 궁금한 것들이 많이 나옵니다. 브라질의 한 소녀가 6세 6개월 7일에 출산을 하였고, 미국 오리건 주의 한 여인은 57세 6개월 15일에 자연 분만을 하였으며, 18세기 러시아의 한 여인은 69명의 아이를 낳았는데 67명이 어른으로 성장했다고 합니다. 이런 신비한 일이 여러분은 모두 이해가 되십니까? 다 이해하지 못하고 삽니다.

착각하고 우기고 실수하는 인간

사람은 실수를 전혀 범하지 않을 만큼 완전하지 못합니다. 지금 자신이 처한 상황에 대해 오해를 할 때도 있습니다. 있는 것도 없는 것으로 생각하지만, 실제로 하지 않은 일도 한 것처럼 착각하기도 합니다. 착각만 하는 게 아니라 우기기까지 합니다. 우기는 데는 할 말이 없었습니다.

몇 년 전에 우리 교회 목사님들과 전도사님들이 함께 목회계획을 세우기 위해 강원도 문막에 있는 콘도에 간 적이 있습니다. 식사를 하기 위해 콘도 앞에 위치한 음식점에 갔는데 물을 놓던 여종업원이 저를 보더니 "며칠 전에도 오셨는데 또 오셨네요."라고 하는 것이었습니다. 저는 그 식당에 처음 갔는데 깜짝 놀라서 "제가요?"라고 했더니 종업원이 "네, 손님. 며칠 전에도 오셨잖아요." 하는 것입니다. 그래서 누구랑 같이 왔었느냐고 물어보려다 말았습니다. 어떤 여자랑 같이 왔었다고 하면 어떡합니까. 물론 저는 처음 갔지만 그 종업원이 다른 사람으로 착각했던 것 같습니다. 저는 너무 당황스러워서 밥이나 달라고 하고 상황을 정리했습니다. 그런데 부목사님이나 전도사님들이 저를 이상한 눈초리로 쳐다보는 것 같았습니다. 그 종업원이 우겨대는데 정말 할 말이 없었습니다. 사람의 착각이 이렇게 무서운 것입니다.

사람에 대해서도 정확한 판단을 하지 못하기도 합니다. 착한 사람을 실제보다 과대평가하거나 악한 사람을 실제보다 더욱 악하게 평하기도 합니다. 반대로 악한 사람을 선한 사람으로 여겨 믿기도 하고, 거룩하고 책망할 것이 없는 사람을 악한 사람으로 몰아가기도 합니다.

어디 그뿐입니까? 황당한 실수를 한 적도 한두 번이 아닙니다. 여러분도 살면서 실수한 경험이 많을 것입니다. 이런 실수와 오해들이 반복되면서 사람들과의 관계에서 많은 문제가 일어납니다. 교회에서도 예외 없이 실수와 오해가 생겨 갈등과 반목을 하는 일이 발생됩니다. 그런 실수와 오해들이 쌓이다 보면 돌이킬 수 없는 상태에 이르러 싸우다가 교회가 분열되기도 합니다. 교회 중에는 목사와 목사가 싸우고, 목사와 장로가 싸우고, 장로와 장로가 싸우고, 교인들끼리 싸워 마침내 교회가 무너지는 경우도 있습니다. 하나님 나라에 가겠다고 하는 사람들이 서로 싸우다 등지고 원수를 맺는 것입니다.

성경에 관해서도 실수가 많습니다. 하나님의 자녀라 할지라도, 성경 읽고 연구하는 목사라고 할지라도, 신학을 깊이 공부하여 박사학위를 받고 대학의 교수가 된 사람들 가운데에도 성경해석에 있어서 일치하지 못한 부분이 많습니다. 그러나 그러한 의견의 차이가 있다고 해서 하나님의 자녀가 아니라는 증거는 아닙니다. 오히려 그런 것은 인간에게 실수가 많다는 증거라 할 수 있습니다. 물론 이단들처럼 터무니없이 자의적인 해석을 하는 것은 문제가 있습니다. 예수 믿어야 구원받고, 예수 믿어야 하나님의 자녀가 되고, 예수 믿어야 천국에 간다는 가장 기본적인 진리마저도 왜곡하는 이단자들이 얼마나 많습니까.

Nay, with regard to the Holy Scriptures themselves, as careful as they are to avoid it, the best of men are liable to mistake, and do mistake day by day; especially with respect to those parts thereof which less immediately relate to practice. Hence even the children of God are not agreed as to the interpretation of many places in Holy Writ: nor is their difference of opinion any proof that they are not the children of God on either side. But it is a proof that we are no more to expect any living man to be *infallible* than to be *omniscient*. -Albert C. Outler, 『The Works of John Wesley-vol.2』, Abingdon Press, 1984, p.102.

그뿐 아닙니다. 성경에 관하여도 실수가 많습니다. 실수를 피하려고 조심하는 만큼 그들은 오류를 면할 수 없습니다. 그것도 매일매일 오류를 범합니다. 특히 실제성이 비교적 결여된 부분에서는 더욱 그렇습니다. 그런 까닭에 비록 하나님의 자녀들일지라도 성경해석에 있어서 일치되지 못한 곳이 여러 군데 있습니다. 그러나 이러한 의견의 차이가 곧 하나님의 자녀가 아니라는 증거는 절대로 아닙니다. 오히려 이것은 인간은 전지하기보다는 실수가 없는 것을 기대할 수 없다는 증거가 됩니다. -존 웨슬리 지음, "그리스도인의 완전," 한국웨슬리학회 편, 『웨슬리 설교전집 3』(서울:대한기독교서회, 2006), p.84.

연약하여 자주 넘어지는 인간

인간은 연약합니다. 여기서 말하는 연약함이란 자주 넘어지는 죄의 습성을 말합니다. 어떤 사람들에게는 정결치 못하다는 약점이 있고, 어떤 사람에게는 하나님의 거룩한 이름을 망령되이 일컫는 약점이 있습니다. 어떤 이는 형제를 미련하다고 하거나(마 5:22) 혹은 욕을 욕으로(벤전 3:9) 갚기도 합니다. 또 술과 담배, 음란, 시기와 질투, 근심과 염려, 탐욕 등 수많은 연약함은 우리를 괴롭힙니다. 이런 연약함은 누구나 갖고 있습니다. 훌륭한 성품과 영성을 갖고 있는 사람도 예외가 될 수 없습니다.

'나는 완벽하다, 나는 걱정 없다.' 라고 생각하십니까? 그런 사람이 문제입니다. 그런 사람일수록 넘어질까 더 조심해야 합니다. 왜냐하면 그런 사람일수록 마귀가 넘어뜨리기 위해 호시탐탐 노리고 있기 때문입니다. 모든 사람은 이 세상 삶을 다하는 날까지 연약함의 굴레로부터 완전히 해방될 수 없습니다.

이 세상에서 사는 동안 우리는 유혹으로부터 완전히 벗어날 수 없습니다. 예수님이 이 땅에 오셔서 육신으로 계실 때에 끝까지 시험 당하신 일을 보아도 잘 알 수 있습니다. 따라서 우리도 시험 받을 것을 각오하며 살아야 합니다. 마귀가 우리를 넘어뜨릴 수 있다는 것을 늘 생각하고 조심해야 합니다.

내가 예배드리고 하나님 마음에 합한 삶을 살려고 하면 할수록 마귀는 끝까지 우리를 시험에 빠뜨리려고 노력합니다. 영국의 부흥사 로랜드 힐 목사님이 거리를 지나가는데, 여러 마리의 돼지가 어떤 사람을 줄줄 따라가고 있는 것을 보았습니다. 호기심이 생긴 힐 목사님은 돼지의 뒤를 따라가 보았습니다. 그 사람은 돼지들을 도살장으로 인도하는데도 돼지들은 아무 반항 없이 따라 들어가는 것이었습니다. 매우 신기하게 생각한 힐 목사님이 물었습니다. "당신은 어떻게 해서 돼지를 이곳까지 오게 하나요?" 그 사람은 이렇게 대답했습니다. "그 비밀은 콩입니다. 보시다시피 완두콩 바구니를 들고 오면서 계속 몇 알씩 흘려주었지요."

사탄도 많은 종류의 콩알로 우리를 유혹합니다. 우리가 그 콩을 주워 먹으며 따라가다 보면 우리도 돼지처럼 영혼의 도살장인 지옥으로 가게 됩니다. 이처럼 유혹은 언제 어디서나 우리 앞에 도사리고 있습니다.

하나님의 약속으로 이루어질 그리스도인의 '완전'

그리스도인은 완전과 거리가 멀어 보입니다. 어쩌면 '그리스도인의 완전'이라는 말을 쓰는 것 자체가 교만해 보이기까지 합니다. 그러나 웨슬리 목사님은 예수님의 마음을 온전하게 소유하고 예수님이 행하신 대로 따르는 것이 반드시 필요하다는 것을 알게 되었습니다. 그래서 '그리스도인의 완전'에 대해 강조했습니다. 물론 웨슬리 목사님이 '그리스도인의 완전'에 대해 말했을 때 많은 사람들의 오해를 받았습니다. 아무리 완벽한 그리스도인이라 하더라도 어떻게 흠이 없는 완전한 상태에 이를 수 있느냐는 것입니다.

그러나 완전이라는 말은 하나님의 말씀 가운데 있습니다. 빌립보서 3장 12절에 보면, 바울은 "내가 이미 얻었다 함도 아니요 온전히 이루었다 함도 아니라 오직 내가 그리스도 예수께 잡힌 바 된 그것을 잡으려고 달려가노라"고 했습니다. 바울은 아직 완전하지는 않지만 '푯대를 향하여 달려가는 중'이라고 말합니다. 그리고 그 다음 절에서 "그러므로 누구든지 우리 온전히 이룬 자들은 이렇게 생각할지니"(빌 3:15)라고 했습니다. 이처럼 바울은 자신과 많은 다른 사람들이 완전한 것처럼 표현했습니다. 마태복음 5장 48절에 보면 "하늘에 계신 너희 아버지의 온전하심과 같이 너희도 온전하라"고 했습니다.

완전하다는 말처럼 마음에 걸림을 주는 표현은 성경에서 찾아보기 어렵습니다. 완전이라는 말은 실로 많은 사람들이 감당하기 어려운 말입니다. 완전이라는 말을 하기조차도 싫어하는 것입니다. … 그러나 이 완전이라는 말은 하나님의 말씀 가운데 있는 것이 아닙니까? 그렇다면 설혹 많은 사람의 마음에 걸린다고 하여도 어느 설교자가 무슨 권위를 가지고 이 말씀을 삭제하여 버린다는 말입니까?

There is scarce any expression in Holy Writ which has given more offence than this. The word 'perfect' is what many cannot bear. … But are they not found in the oracles of God? If so, by what authority can any Messenger of God lay them aside, even though all men should be offended? … We may not therefore lay these expressions aside, seeing they are the words of God, and not of man. But we may and ought to explain the meaning of them, … And this is the more needful to be done because in the verse already repeated the Apostle speaks of himself as not perfect: 'Not,' saith he, 'as though I were already perfect.' And yet immediately after, in the fifteenth verse, he speaks of himself, yea and many others, as perfect. 'Let us,' saith he, 'as many as be perfect, be thus minded.' -Albert C. Outler, 「The Works of John Wesley-vol.2」, Abingdon Press, 1984, pp.99~100.

…그러므로 우리는 이 말씀이 사람의 말이 아니요, 하나님의 말씀인 줄 알기 때문에 이 표현을 사용하지 않을 수 없습니다. 오히려 우리는 그 뜻을 풀어 설명할 수 있고 또 해야만 합니다. … 바울이 "내가 이미 완전해졌다 함도 아니요"라고 함으로써 자기 자신은 아직 완전하지 않은 것으로 말하고 있는가 하면, 바로 그 다음 15절에서는 "누구든지 우리 온전히 이룬 자들은 이렇게 생각하라" 함으로써 자신과 많은 다른 사람들이 완전한 것처럼 표현했기 때문입니다. —존 웨슬리 지음, "그리스도인의 완전," 한국웨슬리학회 편, 『웨슬리 설교전집 3』(서울:대한기독교서회, 2006), pp.80~81.

성경의 다른 곳에 언급된 '완전'의 의미를 살펴보면 성숙, 성장과 연관되어 있음을 알 수 있습니다. 창세기 6장 9절에 보면 "노아는 의인이요 당대에 완전한 자라 그는 하나님과 동행하였으며"라고 했습니다. 새번역에서는 '완전'을 '흠 없는, 의로운'으로 번역하였고, 영어성경에는 'blameless, just, perfect' 같은 단어로 썼습니다. 노아에게 쓰인 이 완전이라는 단어는 '완성하다, 완수하다'는 뜻의 히브리어 '타맘'에서 파생된 단어로 모든 행위가 한 점 티도 없이 완전하다거나 전혀 죄가 없다는 뜻이 아닙니다. 사람과 하나님 보시기에 부끄럽지 않은 자가 되기 위해 성실히 노력하는 것을 의미합니다.

신약성경 골로새서 1장 28절에 보면 '완전'이란 단어가 있습니다. "우리가 그를 전파하여 각 사람을 권하고 모든 지혜로 각 사람을 가르침은 각 사람을 그리스도 안에서 완전한 자로 세우려

함이니." 새번역성경에서는 이렇게 옮겨놓았습니다. "우리는 이 그리스도를 전합니다. 우리는 모든 사람을 그리스도 안에서 온전한 사람으로 세우기 위하여 모든 사람에게 권하며, 지혜를 다하여 모든 사람을 가르칩니다." 여기서도 마찬가지로 '완전한 자'를 '온전한 사람', 즉 '성숙한 인간'으로 기록했으며, 영어성경에서는 'full mature, complete' 등으로 기록하였습니다. 여기서 말하는 완전은 '성숙함'과 연관되어 있는 말로 하나님과의 관계가 올바르게 형성되는 것을 의미합니다.

웨슬리 목사님이 말씀하신 완전은 이전보다 좀 더 나아진 상태를 말하는 수준의 것이 아니라 더 이상 죄를 짓지 않고 악한 생각이나 성품으로부터 해방된 완전한 그리스도인을 의미하며, 그런 완전은 이 세상에서 이루어질 수 있다고 보았습니다.

하나님의 말씀이 그런 완전을 명백히 선언하고 있습니다. 로마서 6장 1~2절에서 "그런즉 우리가 무슨 말을 하리요 은혜를 더하게 하려고 죄에 거하겠느냐 그럴 수 없느니라 죄에 대하여 죽은 우리가 어찌 그 가운데 더 살리요" 한 것처럼 완전한 그리스도인은 죄 가운데 살 수 없습니다. 왜냐하면 그리스도인은 예수님의 죽으심을 본받아 연합한 자가 되었기 때문입니다.(롬 6:5) 요한1서 3장 9절에서는 "하나님께로부터 난 자마다 죄를 짓지 아니하나니" 하였고, 요한1서 5장 18절에서는 "하나님께로부터 난 자는 다 범죄하지 아니하는 줄을 우리가 아노라" 하였습니다. 이처럼 완전한 그리스도인은 죄로부터 자유합니다.

내 안에 그리스도가 살아 계셔야

우리는 완전의 상태에 이르기를 소망해야 합니다. 완전의 상태에 이르게 된다면 얼마나 좋을지 생각해 보세요. 물론, '사람이 어떻게 이 땅에서 완전해질 수 있는가?' '어떻게 죄를 안 짓고 살아갈 수 있는가?' 라고 생각할 수 있습니다. 아브라함도 자신의 아내를 누이라고 속였고, 다윗도 하나님의 기름부음을 받고 왕이 된 후에도 밧세바를 취하는 죄를 저질렀기 때문입니다.

그러므로 여기서 말하는 완전은 절대적인 완전이 아닙니다. 그러한 완전은 하나님만이 가능할 뿐, 피조물인 인간에게는 결코 있을 수 없습니다. 그리스도인의 완전이란 무지도 없고 실수도 없으며 연약함도 없고 유혹도 없는 것을 말하는 것이 아닙니다.(존 웨슬리 지음, 정행덕 역, 『그리스도인의 완전』(서울:전망사, 1979), pp.147~148.)

그리스도인의 완전은 '자기 안에 예수님이 사시는 것' 입니다. "내가 그리스도와 함께 십자가에 못 박혔나니 그런즉 이제는 내가 사는 것이 아니요 오직 내 안에 그리스도께서 사시는 것이라."(갈 2:20) 내가 산 것이 아니라는 뜻은 나의 악한 성질 곧 죄의 몸이 죽었다는 것이고, 내 안에 그리스도께서 사신 것이라는 뜻은 거룩하고 의롭고 선한 것 전부를 말합니다.

그리스도인은 누구나 사도 바울과 함께 말할 수 있습니다. "내가 그리스도와 함께 십자가에 못 박혔나니 그런즉 이제는 내가 산 것이 아니요 오직 내 안에 그리스도께서 사신 것이라."(갈 2:20) 이 말씀은 외적인 죄와 함께 내적인 죄에서도 해방받은 것을 명백히 묘사하고 있습니다. 그리고 이 말씀은 소극적으로도 표현되었고, 또한 적극적으로도 표현되었습니다. 소극적으로는 '내가 산 것이 아니라'고 하였으니 이는 나의 악한 성질 곧 죄의 몸이 죽었다는 것입니다. 적극적으로는 '내 안

Every one of these can say with St. Paul, 'I am crucified with Christ: Nevertheless I live; yet not I, but Christ liveth in me:' - words that manifestly describe a deliverance from inward as well as from outward sin. This is expressed both negatively, 'I live not' - my evil nature, the body of sin, is destroyed - and positively, 'Christ liveth in me' and therefore all that is holy, and just, and good. -Albert C. Outler, 「The Works of John Wesley-vol.2」, Abingdon Press, 1984, p.118.

에 그리스도께서 사신 것이라' 하였으니 이는 거룩하고 의롭고 선한 것 전부를 뜻합니다. -존 웨슬리 지음, "그리스도인의 완전," 한국웨슬리학회 편, 『웨슬리 설교전집 3』(서울:대한기독교서회, 2006), p.104.

예수님을 주인으로 모신 사람은 예수님처럼 생각하며 예수님처럼 행동합니다. 마음과 목숨과 뜻과 힘을 다하여 하나님을 사랑하고 이웃을 자신처럼 사랑하고(막 12:30~31) 늘 하나님의 영광만을 생각하며 하나님을 위해 자신의 삶 전부를 아낌없이 드리고자 노력하는 사람이 그리스도인의 완전한 단계에 사는 사람입니다. 그래서 웨슬리 목사님은 '그리스도인의 완전'은 이루어주실 하나님의 약속일 뿐 아니라 도달해야 할 신자의 의무라고 가르쳤습니다.

우리가 어떻게 완전할 수 있습니까? 교회에서 예배드릴 때는 완전한 것 같은데 운전대만 잡으면 불완전한 사람들이 많습니다.

그래서 웨슬리 목사님은 매순간 연결된 삶이 주님과 동행하는 삶이어야 한다고 했습니다. 따라서 우리는 "하나님을 두려워하는 가운데서 거룩함을 온전히 이루어 육과 영의 온갖 더러운 것에서 자신을 깨끗하게"(고후 7:1) 해야 합니다. 그리고 "뒤에 있는 것은 잊어버리고 앞에 있는 것을 잡으려고 푯대를 향하여 그리스도 예수 안에서 하나님이 위에서 부르신 부름의 상을 위하여"(빌 3:13~14) 달려가야 합니다. 우리 모두 이 땅에서 완전에 도달하기 위해, 하나님 마음에 합한 삶을 살기 위해 최선을 다해야 합니다. '열정'이라는 말은 세상적으로는 어떤 순간 자신의 목표를 위해 몸부림치며 최선을 다하는 것을 말합니다. 그러나 신앙적인 열정은 전에도 했고, 오늘도 하고, 내일도, 모레도 해야 하는 끊임없이, 변함없이, 계속해서 잘하는 것이어야 합니다. 그것이 열정입니다.

전능하신 하나님,
부족하고 연약한 우리가 하나님께 감히 구합니다.
예수 그리스도를 모신 완전한 삶의 주인공이
되기를 소원합니다.
그러나 사탄은 우리 앞에 콩을 늘어놓고 우리를 유혹합니다.
결코 속아 넘어가지 않게 하여 주시옵소서.
매순간 하나님 마음에 합한 삶의 주인공이
다 되게 하여 주시옵소서.
아버지 하나님, 거룩한 주일예배를 드린 것에 그치지 않고
삶의 현장에서 순간순간 그리스도의 향기를 풍겨내는
아름다운 성도들이 되게 하여 주시옵소서.
예수님의 이름으로 기도하옵나이다.
아멘.

손 웨슬리의 위대한 유산

『존 웨슬리』설교 시리즈 **14**

새로운 탄생
The New Birth

'How can these things be? They
cannot be literally. 'A man' cannot
'enter a second time into his mother's
womb and be born.' - But they may,
spiritually. A man may be born from
above, 'born of God', 'born of the
Spirit', - in a manner which bears a
very near analogy to the natural birth.

내가 네게 거듭나야 하겠다 하는 말을 놀랍게 여기지 말라

요한복음 3장 7절

유대인의 지도자였던 바리새인 니고데모와 예수님의 대화 장면 중 한 구절입니다. 예수님은 니고데모에게 거듭남에 대해 말씀하셨고 니고데모는 이렇게 되물었습니다. "사람이 늙으면 어떻게 날 수 있사옵나이까 두 번째 모태에 들어갔다가 날 수 있사옵나이까."(요 3:4) 거듭남의 의미를 이해하지 못했던 니고데모에게 예수님은 "거듭나야 하겠다 하는 말을 놀랍게 여기지 말라"(요 3:7)고 하셨습니다. 이어서 거듭남이 무엇인지에 대해 알려주셨고(요 3:5~8) 구원과 심판에 대해서도 자세히 설명해 주셨습니다.

예수 믿는 성도가 받는 구원을 정확하게 표현한 요한복음 3장 16절 말씀도 니고데모를 향한 예수님의 가르침이었습니다. 예수님이 니고데모에게 거듭남에 대해 자세히 설명하신 것처럼, 웨슬리 목사님 또한 거듭남을 중요하게 여겼습니다. 웨슬리 목사님은 1740년부터 1750년대까지 요한복음 3장 7절을 본문으로 삼아 거듭남에 대해 60번 이상 설교를 했다고 기록되어 있습니다. 예수님이 니고데모에게 자세히 설명하신 이유, 그리고 웨슬리 목사

님이 같은 설교를 반복한 이유는 거듭남이 기독교의 교리 중에서
도 가장 '근본적' 이라 할 만큼 중요한 것이기 때문입니다.

만일 기독교의 전체적인 범위 안에서 어떤 교리든지 '근본적' 이라고 적절히 규정할 수 있다면, 그것은 의심할 여지 없이 다음의 두 가지, 즉 의롭다 하심(칭의)의 교리와 거듭남(신생)의 교리입니다.

If any doctrines within the whole compass of Christianity may be properly termed fundamental they are doubtless these two - the doctrine of justification, and that of the new birth: -Albert C. Outler, 「The works of John Wesley-vol. 2」, Abingdon Press, 1986, p.187.

-존 웨슬리 지음, "새로운 탄생," 한국웨슬리학회 편, 『웨슬리 설교전집 3』(서울:대
한기독교서회, 2006), p.186.

예수 그리스도를 구세주로 믿는 사람은 죄를 용서받고 죄인에
서 의인으로 그 존재가 달라집니다. 죄로 인해 죽을 수밖에 없는
우리가 하나님의 은혜로 말미암아 의롭게 된 순간 우리는 성령으
로 새롭게 태어나는 것입니다. '거듭남' 은 우리의 타락된 본성을
새롭게 하시는 하나님의 위대한 역사입니다.
천국은 물과 성령으로 거듭난 사람의 것입니다.(요 3:5) 그리고
예수 그리스도를 믿고 새롭게 태어난 사람이라야 영생을 얻을 수
있습니다.(요 3:15)

존 웨슬리의 위대한 유산

왜 다시 태어나야 하는가?

하나님은 인간을 창조하실 때 하나님의 형상을 따라 만드셨습니다.(창 1:27) 그러나 하나님께서 먹지 말라고 하신 선악과 열매를 따먹은 인간은(창 3:6) 하나님 뜻에 따라서가 아니라 자기 자신의 뜻대로 살기 시작했습니다. 하나님은 선악과를 따먹으면 안 된다고 하셨는데 마귀는 따먹으라고 유혹했습니다.

하나님께서는 아담에게 분명히 말씀하셨습니다. "선악을 알게 하는 나무의 열매는 먹지 말라 네가 먹는 날에는 반드시 죽으리라."(창 2:17) 그런데 사탄은 '아니야, 네가 이것을 먹으면 하나님과 같아질 거야.'라고 하나님의 말씀을 거역하게 만들었습니다. 그러자 하나님의 명령을 듣지 않은 아담과 그의 후손인 모든 사람에게 죽음이 임했습니다. "아담 안에서 모든 사람이 죽은 것같이."(고전 15:22) 아담 안에서 행해진 모든 사람의 죽음은 육체적인 죽음만을 의미하지 않습니다. 하나님의 형상과 하나님의 생명을 상실한 하나님께 대한 죽음, 영적인 죽음, 죄로 인한 죽음은 모든 사람에게 벗어날 수 없는 굴레가 되었습니다. 이렇게 인간의 본성이 타락하게 되었기 때문에 우리는 거듭나야만 하는 것입니다.

4. 그리하여 '아담 안에서 모든 사람이 죽었고,' 즉 모든 인류와 사람의 모든 자녀들이 죽었습니다. 이렇게 된 자연적인 결과로서, 아담의 후손이 된 모든 사람들은 하나님께 대한 죽음, 영

적인 죽음, 죄 속에서의 전적인 죽음 속에서 이렇게 태어나게 되었고, 하나님의 형상과 하나님의 생명을 전적으로 상실하고, 아담이 창조되었을 때 가지고 있던 의로움과 거룩함 대신 지금 이 세상에 태어나는 모든 사람은 교만과 아집에 사로잡힌 채 악마의 형상을 지니게 되었고, 관능적 욕구와 정욕 속에서 짐승의 형상을 지니고 태어나게 되었습니다. 다시 말해서 인간의 본성이 전적으로 타락하게 되었다는 점(the entire corruption of our nature), 바로 이것이 신생의 근거가 됩니다. -존 웨슬리 지음, "새로운 탄생," 한국웨슬리학회 편, 『웨슬리 설교전집 3』(서울:대한기독교서회, 2006), pp.189~190.

4. And 'in Adam all died', all humankind, all the children of men who were then in Adam's loins. The natural consequence of this is that everyone descended from him comes into the world spiritually dead, dead to God, wholly 'dead in sin;' entirely void of the life of God; void of the image of God, of all that 'righteousness and holiness' wherein Adam was created. Instead of this, every man born into the world now bears the image of the devil, in pride and self-will; the image of the beast, in sensual appetites and desires. This then is the foundation of the new birth, - the entire corruption of our nature. - Albert C. Outler, 「The works of John Wesley-vol.2」, Abingdon Press, 1986, p.190.

어른뿐 아니라 어린아이도 거듭남에서 예외일 수는 없습니다. 그러므로 우리는 어른만 전도하는 것이 아니라 어린아이도 전도해야 합니다. 더욱이 어린이에게 전도하는 것이 더 쉽습니다. 27세 이후의 어른은 다른 사람의 말을 귀담아 듣지 않는다고 합니다. '알았다'고 말은 하지만 자기 하고 싶은 대로 하는 것이 이들입니다.

세계어린이전도협회에서 성공한 크리스천 전문직 종사자 253명에게 언제 예수를 믿게 되었는지를 물었습니다. 대답은 20세

존 웨슬리의 위대한 유산

이전이 138명(55%)으로 가장 많았고, 이어 21~30세가 65명 (26%), 31~40세가 22명(9%), 41~50세가 4명(2%), 51~60세가 3 명(1%), 60세 이상이 1명(0.4%) 순이었습니다. 기독교 교육과 관련 된 한 잡지에서는 어린이들의 거듭남을 다룬 특집 기사에서 "거 듭나도록 하시는 분은 성령이지만 어린이들로 하여금 이를 자각 하도록 돕는 것은 교사와 부모들의 몫"이라고 했습니다.

누구도 포기하지 말고 전도해야겠지만 특별히 자기 주변에 있 는 가족, 친척, 친구들 중에 아직도 예수 그리스도를 모르는 분 들에게 복음을 전하시기 바랍니다. 어떤 분은 '나 같은 사람이 무슨 가치가 있겠습니까? 내가 회개하면 하나님이 용서해 주시 겠어요?'라고 말합니다. 돈은 빳빳한 새 돈이 좋지만 새 돈이 구 겨졌다고 그냥 버립니까? 구겨졌어도, 흙이 묻었어도, 찢어졌어 도 돈의 가치는 변함이 없습니다. 우리가 세상을 살다 보면 찢기 고, 눌리고, 상처받고, 아프고, 더러운 것이 묻을 수 있습니다. 그러나 하나님 앞에 우리는 천하보다 귀한 존재입니다. 하나님이 우리를 얼마나 귀하게 여기셨으면 우리를 구원해 주시려고 독생 자 예수님을 보내 주셔서 십자가에 피 흘려 죽게 하시며 죄 값을 치르게 하셨을까요.(롬 6:23) 예수님이 우리를 위해 십자가에 달려 죽으셨습니다. 그러므로 우리는 백 원, 만 원짜리가 아니라 '예 수님짜리'입니다. 그렇다면 당당하게 사시기 바랍니다.

하나님께서는 우리가 고귀한 하나님의 형상이기에 실패할 때마 다 회복하게 하시고 하나님의 사람으로 다시 쓰십니다. 왜냐하면 우리의 값이 변함이 없기 때문입니다. 그러므로 죄 가운데 태어난 우리이지만 예수 그리스도를 믿어 성령으로 다시 태어나야 합니다. 죽을 수밖에 없는 죄의 결말을 끊고 영원한 생명을 누리는 천국 백성으로 거듭나야 하는 것입니다.

어떻게 다시 태어나는가?

어떻게 해야 거듭날 수 있을까요? 니고데모가 생각했던 것처럼 '다시 태어난다'는 것은 문자 그대로라면 일어날 수 없는 사건입니다. 사람이 어머니의 뱃속에 다시 들어가 다시 태어날 수는 없습니다. 그러나 영적으로는 가능합니다. 하나님을 믿는 우리는 성령으로부터 다시 태어날 수 있습니다.

'다시 태어난다'는 말은 문자 그대로는 일어날 수 없는 사건입니다. 사람은 어머니의 뱃속에 다시 들어가 두 번 다시 태어날 수 없습니다. 그러나 영적으로는 이러한 일이 가능합니다. 즉 인간은 자연적인 탄생과 매우 가깝게 유비되는 방법으로 '위로부터', '하나님으로부터', '성령으로부터' 태어날 수 있습니다. –존 웨슬리 지음, "새로운 탄생," 한국웨슬리학회 편, 『웨슬리 설교전집 3』(서울:대한기독교서회, 2006), p.192.

'How can these things be?' They cannot be literally. 'A man' cannot 'enter a second time into his mother's womb and be born.' - But they may, spiritually. A man may be born from above, 'born of God', 'born of the Spirit', - in a manner which bears a very near analogy to the natural birth. -Albert C. Outler, 「The works of John Wesley-vol.2」, Abingdon Press, 1986, pp.191~192.

존 웨슬리의 위대한 유산

웨슬리 목사님은 거듭남의 원리를 설명할 때 어린아이를 예로 즐겨 사용했습니다. 어머니 뱃속에서 어느 정도 달수가 찬 아이라면 태중에 있을지라도 눈과 귀, 코와 입을 갖고 있습니다. 그러나 태아는 세상에 태어나기 전까지는 보지 못하고 듣지 못합니다. 태아는 세상일에 대해 아무런 지식도, 이해도 갖고 있지 않습니다. 출생한 다음에야 비로소 눈으로 빛을 보고 귀를 열어 소리를 듣게 됩니다. 숨 쉬는 방법까지도 태중에서와는 다른 방법으로 숨을 쉬며 살아갑니다.

　　거듭난 그리스도인의 모습이 꼭 그렇습니다. 성령으로 거듭나기 이전의 인간은 눈이 있어도 하나님을 보지 못하고, 귀가 있어도 하나님의 음성을 듣지 못합니다. 하나님에 대해 어떠한 감각과 지식도 갖고 있지 못합니다. 그러나 예수 그리스도를 만나면, 예수 그리스도를 영접하면, 성령으로 변화되어 하나님의 자녀로 다시 태어나면 하나님을 향해 호흡하기 시작합니다. 그리고 영안으로 하나님을 보고 하나님의 음성을 듣게 되고 입술로는 하나님을 찬양하게 됩니다.

　　같은 예배시간에 있어도 어떤 사람은 사람의 소리를 듣지만, 어떤 사람은 설교자의 음성을 통해 하나님의 음성을 듣습니다. 눈으로 하나님의 창조물을 보고 하나님의 음성을 듣습니다. 그리고 하나님을 찬양합니다. 다른 사람들은 그런 것을 이해하지 못합니다. 우리가 주일에 예배드리는 것조차 이해하지 못합니다.

　　언젠가 식당에 가서 옷을 벗어 놓고 식사를 했습니다. 옆에 계시던 분이 제가 벗어 놓은 양복 상의를 들어주셨습니다. 그런데 그분이 "무슨 옷이 이렇게 무겁느냐"는 것이었습니다. 제 양복 상의 한쪽 주머니에는 작은 성경, 다른 한쪽에는 작은 찬송가, 그리고 수첩, 펜, 메모지 등 주머니마다 들어 있는 것이 많아서 무겁습니다. 그분이 놀라면서 왜 가지고 다니느냐고 물었습니다. 저는 목사이기 때문에 언제든 예배를 인도하며 말씀을 전해야 하는 경우가 생길 수 있어서 늘 지니고 다닌다고 말했습니다. 그런데 저는 30년 동안 이렇게 다녀서인지 무게에 익숙해져 있습니다. 사람들이 이해하지 못해도 저는 얼마나 든든하고 좋은지 모릅니다.

다른 사람들이 이해하지 못하더라도 우리가 하나님 마음에 합한 삶을 살기 위해 애쓰는 것은 예수를 믿음으로 구원받았기 때문입니다. 이전까지 알려진 바에 따르면, 인간은 태어날 때 가지고 태어난 뇌세포가 평생 가지고 살아야 할 뇌세포의 전부인 것으로 생각했습니다. 그런데 최근의 연구는 새로운 세포들을 계속 생성해 낸다는 것을 발견했습니다. 이전 것을 잊어버리고 새 것을 기억하기 위해 새로운 세포를 만들어내는 우리의 두뇌처럼 예수 믿는 우리는 그리스도 안에서 새로운 피조물이 되어야 합니다. 예수 믿기 이전의 삶이 아니라 예수 믿은 이후의 삶이 달라진 이유는 예수 믿음으로 변하여 새사람이 되었기 때문입니다. 우리는 이미 새롭게 태어난 사람입니다.

아프리카는 건기가 되면 그 넓은 평원에 불이 일어나기가 쉽습니다. 그 불에 많은 짐승들이 타죽기도 합니다. 그런 끝이 보이지 않는 평원에 불이 붙었을 경우에 살 수 있는 방법이 있습니다. 불길은 바람을 타고 빠른 속도로 번지므로 자기가 있는 곳에 불을 지르면 된다고 합니다. 멀리서 오는 불이 이미 타고 지나간 땅으로 들어가고, 삼킬 듯 달려오던 불길이지만 내가 있는 곳에는 오지 않고 지나간다고 합니다. 그곳은 이미 불에 탄 곳이기 때문입니다.

이와 마찬가지로 예수 그리스도께서 십자가에서 죽으심으로써 우리의 죄 값을 지불하셨기 때문에 죄와 사망의 불길이 예수 그리스도 안에 있는 우리에게는 다가오지 못합니다. 우리가 새롭게 태어났기 때문입니다. 누구든지 예수 그리스도 안에 있으면 새로운 피조물입니다. 예수 그리스도 안에 있으면 사망에서 생명으로 옮겨집니다. 하나님은 죄로 인해 죽을 수밖에 없는 우리를 생명으로 이끄십니다. 거듭남은 예수 그리스도 안에서 "새로운 피조물"이 되는 놀라운 변화입니다.(고후 5:17)

무엇을 위해 다시 태어나야 하는가?

하나님의 피조물로 지음 받은 우리가 무슨 이유로 예수 그리스도 안에서 새로운 피조물이 되어야 하는 것일까요? 거듭남의 목적은 참된 평안과 행복을 누림에 있습니다. 사람이 그리스도 안에서 다시 태어나지 않으면 이 세상에서 완전한 행복을 누릴 수가 없습니다. 미움, 질투, 복수, 욕심 같은 마귀의 성품은 우리를 불안하게 하고, 하나님의 뜻에 따르지 않는 모든 욕망은 '슬픔'

을 통해 우리를 공격합니다.

사람은 힘들고 어려운 일을 겪을 때가 많이 있습니다. 아무리 기도하고 성실하게 살아도 슬픔이, 고통이, 외로움이 닥칠 때가 있습니다. 그럴 때 여러분은 어떻게 하십니까?

미국 감리교회 부흥의 역사에서 빼놓을 수 없는 분이 윌리엄 퀘일(William A. Quayle, 1860~1925) 감독입니다. 능력 있고 설득력 있는 설교로 주목받았던 그는 부드럽고 유연한 설교로 '감리교의 종달새'라는 별명을 얻으며 존경을 받았습니다. 어느 날 퀘일 감독이 해결되지 않는 고민거리로 인해 밤에 잠을 이루지 못하고 있었습니다. 그러다 한밤중에 하나님께 부르짖었습니다. "하나님, 이 고통스러운 문제를 제가 어떻게 해야 하겠습니까?" 그때 퀘일 감독이 하나님의 음성을 들었습니다. "그 문제는 내가 해결할 일이다. 너는 자라. 남은 밤 시간 내가 깨어 있으마." 믿음으로 거듭난 성도는 하나님께서 깨어 살피시기 때문에 평안히 잘 수 있습니다. 거듭난 성도가 누리는 행복은 잠깐의 여유로움이나 일시적인 기쁨만이 아닙니다. 죄로부터 자유로운 영원한 평안입니다.

그리스도 안에서 거듭나 본성이 변화되지 않고서는 우리는 죄의 지배에서 벗어날 수 없습니다. 그리고 죄가 지배하고 있는 곳에는 행복이 머물지 않습니다. 모세는 이스라엘 백성에게 "이스라엘이여 너는 행복한 사람이로다 여호와의 구원을 너 같이 얻은 백성이 누구냐"(신 33:29)라고 했습니다. 이스라엘 민족 앞에서 당당하게 외쳤던 모세처럼 행복한 사람임을 선언하며 사시기 바랍니다.

아이가 태어나는 순간은 짧지만 성장하여 자라는 데는 오랜 시간이 걸립니다. 수많은 어려움도 겪습니다. 그러나 그 아이가 긍정적인 생각을 가지고 자라면 이 세상에서 멋진 사람으로 살아가게 됩니다. 여러분이 살아온 날보다 살아갈 날이 적다고 생각하는 분들도 계실지 모르겠습니다. 그래도 남은 날들을 '행복한 사람' 으로 사시기 바랍니다. 그러려면 그리스도 안에서 날마다 달라져야 합니다. 그리스도 안에서 새롭게 태어난 사람은 그것으로 끝이 아닙니다. 거듭난 이후에도 "그리스도의 장성한 분량"에 이르기까지(엡 4:13) 계속해서 성장해야 합니다.

신생은 성화의 일부분이지 그 전체는 아닙니다. 신생은 성화로 들어가는 문이고 통로입니다. 우리가 다시 태어날 때, 그때 우리의 성화, 즉 우리의 내적이고 외적인 성결이 시작됩니다. 그리하여 그 이후부터 우리는 점차적으로 '우리의 머리 되신 그리스도에게 이르기까지 성장되는' 것입니다. 이와 같은 사도 바울의 표현은 신생과 성화의 분명한 차이점을 보여주며, 더구나 자연적인 것과 영적인

This is a part of sanctification, not the whole; it is the gate of it, the entrance into it. When we are born again, then our sanctification, our inward and outward holiness, begins. And thenceforward we are gradually to 'grow up in him who is our Head.' This expression of the Apostle admirably illustrates the difference between one and the other, and farther points out the exact analogy there is between natural and spiritual things. A child is born of a woman in a moment, or at least in a very short time. Afterward he gradually and slowly grows, till he attains the stature of a man. In like manner a child is born of God in a short time, if not in a moment. But it is by slow degrees that he afterward grows up to the measure of the full stature of Christ. The same relation therefore which there is between our natural birth and our growth there is also between our new birth and our sanctification. -Albert C. Outler, 「The works of John Wesley-vol. 2」, Abingdon Press, 1986, p.198.

것 사이에 놓여 있는 정확한 유비를 지적해 줍니다. 어린아이는 순간적으로 아주 짧은 시간에 여인으로부터 태어납니다. 그 후에 그는 한 인간으로 성장하기까지 점차적으로 그리고 서서히 자라나게 됩니다. 이와 마찬가지 방법으로 사람은 어린아이처럼 순간적으로 또는 짧은 시간 안에 하나님께로부터 태어나게 됩니다. 그러나 그 후에도 그가 '그리스도의 장성한 분량'에 이르기까지 자라게 되는 것은 점증적인 것입니다. 그러므로 우리의 자연적인 출생과 성장의 동일한 관계가 우리의 신생과 성화의 관계에서도 일어납니다. -존 웨슬리 지음, "새로운 탄생," 한국웨슬리학회 편, 『웨슬리 설교 전집 3』(서울:대한기독교서회, 2006), pp.199~200.

　　예수 믿는 우리는 예배를 통해 하나님의 말씀을 듣고 삶의 매 순간 하나님과 동행하며 받은 축복을 기억하며 하나님께 감사하는 성도가 되어야 합니다. 가정에서, 일터에서 예수 그리스도를 통해 받은 하나님의 사랑을 나누며 살아야 합니다. '지금 힘들고 어려운 순간이 변하여 지나온 모든 세월 돌아보면 그 어느 것 하나 주의 손길 안 미친 것이 없다.'고 나는 '행복한 사람'이라고 선언하며 사시기를 바랍니다.

　　지금까지 웨슬리 목사님이 250여 년 전에 전했던 말씀을 우리 시대의 언어로 바꾸어 전했습니다. 웨슬리 목사님의 설교는 물질을 어떻게 사용해야 하는지(돈의 사용), 성도가 은혜를 받기 위한 방편은 무엇인지(은총의 수단), 이 시대에 율법의 중요성은 무엇인지(믿음으로 세워지는 율법) 등 250년 전 영국에서 하나님을 믿었던

존 웨슬리의 위대한 유산

사람들이나 현재 한국에서 신앙생활 하는 성도들에게 모두 중요한 말씀이었습니다. 초창기 감리교도들은 '성경의 규범대로 사는 사람! 하나님의 법칙대로 사는 사람! 올바른 규칙을 지키며 사는 사람!' 이라는 소리를 들었습니다. 그것이 지나쳐 붙여진 별명이 규칙쟁이 '메도디스트(methodist)' 입니다.

사랑하는 여러분! 사람들이 우리를 향해 '규칙쟁이들' 이라고 할 만큼 하나님 마음에 합한 하늘 백성으로 다시 태어난 그리스도인답게 사시기를 바랍니다.

전능하신 하나님!
감사합니다.
우리를 이 땅에 살게 하실 뿐 아니라
하늘 백성으로 살게 하신 것을 감사합니다.
우리 스스로 예수 믿고 구원 받은 하늘 백성임이 행복함을
선언하며 살게 하여 주시옵소서.
육체로 어머니의 뱃속에서 태어난 것으로 그치지 않고
예수 믿음으로 영적으로 다시 태어난 하늘 백성이 되게 하시니
감사합니다.
예수님의 거룩하신 이름으로 기도하옵나이다.
아멘.

참고도서

이 책의 존 웨슬리 설교는 다음 두 권의 책에서 발췌하였습니다.

국문 〉한국웨슬리학회편, 고신일 외 공역. 『웨슬리 설교전집』.
　서울:대한기독교서회. 2006.

영문 〉Outler. Albert C. 『The Works of John Wesley』.
　Nashville:Abingdon Press. 1984.

짝퉁 그리스도인 vs 진품 그리스도인

존 웨슬리의 위대한 유산
고 신 일 지음

초판 1쇄 2013년 4월 1일

발행인 | 김기택
편집인 | 손인선
펴낸곳 | 도서출판 kmc
등록번호 | 제2-1607호
등록일자 | 1993년 9월 4일
(110-730) 서울특별시 종로구 세종대로 149 감리회관 16층
(재)기독교대한감리회 출판국
대표전화 | 02-399-2008 **팩스** | 02-399-4365
홈페이지 | http://www.kmcmall.co.kr
디자인 | 디자인화소

값 13,000원
ISBN 978-89-8430-602-8 03230